麦肯锡问题拆解法

MCKINSEY'S PROBLEM-SOLVING APPROACH

快速提升问题解决力

张诚忠　牛一贺/著

中华工商联合出版社

图书在版编目（CIP）数据

麦肯锡问题拆解法 / 张诚忠，牛一贺著. -- 北京：中华工商联合出版社，2024.1

ISBN 978-7-5158-3883-0

Ⅰ. ①麦… Ⅱ. ①张… ②牛… Ⅲ. ①企业管理 Ⅳ. ①F272

中国国家版本馆CIP数据核字(2024)第042908号

麦肯锡问题拆解法

作　　者：张诚忠　牛一贺
出 品 人：刘　刚
责任编辑：于建廷　臧赞杰
封面设计：周　源
责任审读：傅德华
责任印制：陈德松
出版发行：中华工商联合出版社有限责任公司
印　　刷：北京毅峰迅捷印刷有限公司
版　　次：2024年4月第1版
印　　次：2024年4月第1次印刷
开　　本：710mm × 1000mm　1/16
字　　数：200千字
印　　张：12.5
书　　号：ISBN 978-7-5158-3883-0
定　　价：49.00元

服务热线：010–58301130–0（前台）
销售热线：010–58301132（发行部）
010–58302977（网络部）
010–58302837（馆配部）
010–58302813（团购部）
地址邮编：北京市西城区西环广场A座
19–20层，100044
http://www.chgslcbs.cn
投稿热线：010–58302907（总编室）
投稿邮箱：1621239583@qq.com

· 目 录 ·

第一章

麦肯锡解决问题的起点：发现问题

工作的实质就是解决问题

你有没有想过，工作的实质到底是什么？

其实，答案很简单，就是解决问题。

从接受一项既定的任务，到各种突发的状况，我们要做的就是把问题处理掉，得到一个满意的结果。完成了，做好了，那就是成功；没做好，放弃了，那就是失败。两者的分水岭就在于，能否找到有效解决问题的办法。

不少人都觉得，成功者胜在天赋和机遇。不可否认，天赋的确是一个重要的影响因素，机遇也是外界的助力，但是别忘了，内因决定外因。所有的成功者，都有一个共同的特性，那就是遇到麻烦的时候，绝对不会逃避，而是会主动去找方法。他们坚信，只要找对了方法，再大的问题都可以迎刃而解。

飞利浦电器公司是世界知名的电子公司，从1891年成立至今，经历了一个多世纪的风雨飘摇，依然在市场中傲然矗立。这一百多年间，发生了两次世界大战，经历了世界经济大萧条，可这些外界的震动并没有将它摧毁，它的产品依然为众多消费者带来便利的生活。

很多人都在思考：飞利浦是如何做到的？经历了这么多磨难，它怎么就能够屹立不倒呢？要回答这个问题，不是三言两语就能概括的，一个组织的持续发展有多方面原因，但其中有一点毋庸置疑，并且非常重要，那就是飞利浦从管理者到员工，都是善于主动寻找方法解决问题的人。

1891年，杰拉德·飞利浦在埃因霍温创建了飞利浦公司，主要制造白炽灯和其他电器。从它诞生的那天起，飞利浦就决心把它发展成为世界上最大的电器公司。最初，公司的业务很繁杂，作为老板的杰拉德·飞利浦，每天都在各个城市之间奔波，洽谈合作业务。不久后，他发现，即便这么努力，

公司的业绩还是在下滑，于是他决定和合伙人分工合作：合伙人依旧到其他城市谈业务，杰拉德则在公司寻找业绩下滑的原因。

杰拉德没有单纯地召开全体会议，共同探讨业绩下滑的问题，他只是每天准时出现在公司，下班后再离开办公室回家。就这样持续了一个月后，杰拉德发布了一项人事任命，决定让接待员艾格女士担任人事部的主管。

对于这个决定，杰拉德解释说："我之所以让艾格女士担任人事主管，最主要的原因是，我在整个公司里，只看到她一个人在主动解决问题，而其他人在问题出现后，所做出的举动，都是在回避问题，甚至有很多问题都是艾格女士帮助解决的。所以，我任命她来做人事主管。我相信，这样的决定是对的，即使我不在公司，公司依然能够正常运转，不会出现问题。从现在开始，我要培养那些主动寻找方法解决问题的人。"

一个组织的发展，仅靠管理者的力量是远远不够的，必须凝聚所有人的力量，朝着共同的目标去努力。在遇到问题的时候，就算领导不在，员工依然有主动解决问题的能力，这样的组织才有持久的生命力。

不可否认，工作中会有很多棘手的难题，看起来毫无头绪，着实不知道该从哪儿下手。面对这样的烫手山芋，多数人都会选择回避或推脱，倒也不是不想负责任，只是缺乏信心，不相信自己能够处理好。实际上，越是这样的时刻，越应当保持冷静，去思考和寻找方法，而不是在心里给自己下定义说：我做不到。

当自己无法解决问题的时候，你还有求助的对象，上司、同事都能助你一臂之力。结合众人的想法，很有可能就能找到解决问题的思路。生活中有很多例子提醒我们，世间没有无解的问题，关键是你有没有去找方法，问题不会自动解决，只有敢于正视问题，有解决问题的责任担当，才可能有解决办法。这就像开锁一样，不是没有钥匙能打开它，只是你没有找对那把能开锁的钥匙。

【麦肯锡解题】

再平凡的工作也会面临这样或那样的问题，问题的出现为我们提供了改进的线索、改进的方向。我们每天的工作其实就是在解决各种明显或不明显的问题，面对这些问题的态度决定了我们工作的成效以及未来的成就。对待工作，我们都应该在内心树立这样的信念：每个人都是创造者，生活中处处都有转机，只要肯去寻找方法，就没有解决不了的问题。

养成发现问题的习惯

我们都知道，工作的实质就是解决问题，可相比解决问题而言，还有一件事更为重要，那就是发现问题。为什么这样说呢？因为出现问题并不可怕，至少你知道哪里有隐患，哪里需要注意和改进，最怕的是“没有问题”！

这里说的“没有问题”，不是真的没有问题，而是当情况已经出现异常时发现不了问题，直到问题发展得严重了，才想到去控制，此时已经造成了损失，甚至到了无法挽回的地步。这，才是工作中最令人遗憾和惋惜的事。

一位部门负责人就曾抱怨说：“我的那些下属工作一点儿都不主动，总是敷衍了事。每次给他们布置完新任务，我总要向他们追问进展的情况，问他们有没有发现什么问题。他们每次都说很顺利，但我心里很担忧。有些问题我能考虑到，但不能事必躬亲，更多的问题还得他们自己去发现。如果出现问题之初，他们不能在第一时间告诉我，等到事态扩大了，小问题演变成大问题时，我也会觉得很棘手。”

联想一下平日的工作状况：你是否也如这位负责人所说，做事不够积极主动，出现问题佯装看不见，或是根本就不去留意有什么问题，等事情发展到无法收拾的地步，才想起向领导汇报？若真如此，那你有必要改变一下工作的方法了。

想成为组织不可或缺的人才，只懂得按时完成任务是远远不够的，还要主动为组织着想、为领导分忧。在工作的过程中，我们不可能什么问题都发现不了，只是多数情况下，我们总想着多一事不如少一事，如果这个问题不影响工作进度，大可睁一只眼闭一只眼。可是别忘了，领导迟早会发现问题的，待到他问起时再找借口，是不是有点被动呢？更何况，你没有去管这些问题，不代表其他同事不留意，倘若同事和你做同样的事，他能主动向领导反映问题，而你没有任何反映，领导会如何看待你的工作表现呢？

无论从哪方面说，主动发现工作中的问题，并将其反馈给领导，既是员工的职责，也是展示自己的机会。平庸和出色就是这样区分开来的，这也是为什么很多员工在相同的职能部门，前途却大相径庭。领导只会把任务交给自己最放心的人，不要说你缺乏观察力，其实只要足够用心，总会有所发现的。

1976年12月的一个清晨，三菱电机公司工程师吉野先生两岁的女儿把报纸上的广告单卷成了一个纸卷，像吹喇叭一样吹起来。她对父亲说："爸爸，我觉得有点暖乎乎的！"女儿产生这样的感觉是因为吹气时热能透过纸而被传导到手上。

听到这句话时，吉野先生怔了一下，顿时受到了启发。此前，他已经为如何解决通风电扇节能的问题，苦思冥想好长时间了，现在能不能按照孩子说的那个思路，把纸的两面通入空气，使其达到热交换呢？

他以此为原型，用纸制作了模型，用吹风机在一侧吹进冷风，在另一侧吹进暖风，通过一张纸就能使冷风变成热风，而暖风却变成冷风。这个热交换装置仅仅是把糊窗子用的窗户纸折叠成类似折皱保护罩那样的东西，并将其安装在通风电扇上。室内的空气通过折皱保护罩的内部而向外排出，室外的空气则通过折皱保护罩的外侧而进入保护罩内。通过中间夹着的一张纸，使内外两个方向的空气相互接触，产生热传导的作用。

如果室内是被冷气设备冷却了的空气，从室外进来的空气就能够加以冷却，比如室温26℃，室外气温32℃，待室外空气降低到27.5℃之后，再使其进入室内。如果室内是暖气，就将室外空气加热后再进入室内，比如室外0℃，室内20℃，就把室外寒风加热到15℃以后再入室。如此，就能够节约冷、热气设备的能源损耗。

后来，这一装置投入到了实际的应用中，三菱电机公司把这一装置称之为“无损耗”的商品，并在市场上出售。每到换季的时候，使用这个装置，损失的能源可以回收2/3。

古人云：“学起于思，思起于疑。”机会和成就永远都是先光顾那些喜欢思考、善于发现问题的人。人的思维通常都是从问题开始的，谁有一双善于发现问题的眼睛，谁就能在竞争中遇见机遇，把握住了这些机会，就能做出有价值的成就。

可以这样说，发现问题是工作的起点，这是员工需要练就的一项重要技能。这些问题可能表现在不同的方面，或是缺点、不足，或是经验教训，或是薄弱环节，只要肯结合工作实际来思考和研究它，往往就能扫除障碍、弥补漏洞、实现创新。

总而言之，工作还需要多观察、多思考、多研究。对工作中的每一个疑点，都要见微知著，常怀着“千里之堤毁于蚁穴”的危机感，不断地清查问题、纠正问题，才能更好地发挥自己的优势，在人才济济的职场中脱颖而出。

【麦肯锡解题】

发现不了问题往往会出大问题。一些“惊天动地”的大问题其实起因非常微小，最佳的解决时机就是问题刚刚出现时。在工作中带着问题干，锤炼发现问题的火眼金睛，是高绩效人士的共同特点。

用联系的眼光看问题

世界上没有完全独立存在的事物与现象，每一件事情的发生可能是源于其他事情，也可能会引发其他事情。问题也是一样，不会单独存在，我们看到的那些问题未必是全部的真相，背后可能还隐藏着更多的问题。而且，任何事物都有其内在结构，不同的问题之间也会根据不同的内在结构产生不同的联系。

麦肯锡认为，问题之间的关系包括以下几种类型：

直接联系与间接联系

问题有表象和本质之分，有时我们看到的问题并不是真正的问题，彼此之间的关联也未必准确，这就是直接联系与间接联系的区别。

偶然联系与必然联系

偶然联系是指事物联系与发展过程中不确定的趋势，产生于非根本矛盾和外部条件，是不稳定的、暂时的、不确定的，属于个别表现；必然联系是指事物联系和发展过程中一定要发生、确定不移的趋势，是比较稳定和确定的，是同类事物普遍具有的发展趋势。

主要联系与次要联系

主要联系对事物的发展起决定性作用，处于支配地位，次要联系则处于被支配地位。

本质联系与非本质联系

本质联系是事物内在的、必然的、规律性的、稳定的联系，对事物的性质和发展方向起决定性作用；非本质联系是事物外部的、表面的、偶然的、不稳定的联系，对事物的发展只起影响的作用。这两种联系，也可以称为内部联系和外部联系。

麦肯锡提醒我们，当多种问题同时存在时，一定要考虑各种问题之间的相关性。有些问题之间是有关联的，有些问题之间则不存在关联。对于有关联的问题，要作为一个整体去研究解决策略；对于不存在相关性的问题，要进行识别分类，以此提升解决问题的效率。

某印刷厂的老板对企业的生产效率低下感到忧心，多次召开会议，要求工人们加班赶工，但效果仍不理想。无奈之下，这位老板只好找专业的咨询顾问帮忙解决问题。咨询顾问对印刷厂进行了详细的调查和分析，发现了工厂存在不少问题，而主要问题有两点：

问题1：工厂的生产设备老化。

印刷厂的电脑配置过低，导致运行速度慢，正常情况下1分钟能够导出的文件，需要2分钟才能完成，导致工人们制图与排版的时间增加。负责印刷的机器比较陈旧，经常出故障，每次维修从申请到批复，再到维修后可以继续使用，至少要花费1天的时间，这也严重地影响了生产效率。

对于印刷文件导出时间长这个问题，最初工人们的情绪是很焦躁的，但是天长日久也就习惯了，不再着急，而是趁着等待的时间，干脆闲聊或是做点其他事情。结果就是现在很多时候，电脑已经完成了处理，而工人们还沉浸在闲聊的乐趣中，等回过神来，已经浪费了不少的时间。

问题2：员工待遇低，流动性大。

印刷厂的工人有一些是在这里工作了五六年的老员工。这些年里，他们的工资只涨过一次，且幅度很小，年终奖也不是每年都有。面对不断升高的物价和几乎一成不变的工资，工人们根本没有积极工作的动力，反正干多干少都是这点儿钱，不如省点劲儿。

年轻的员工到厂工作一两年后，发现提升空间很小，工资也不理想，就主动辞职了。年龄稍大的员工，本想好好干下去能有一份稳定的收入，当工资待遇无法满足生活需求时，他们的工作热情也下降了，开始考虑换工作。员工的流动性大，对印刷厂来说也是一种资源浪费。毕竟，从入职到上岗要经过一段时间的培训，这期间新员工无法创造效益，还要发实习工资，老员工一边带新人一边工作，效率也会受到影响。

这是咨询顾问对印刷厂效率低下问题进行的分析，他按照麦肯锡公司的原则向厂长提出了解决方案：第一，对负责生产的电脑进行升级，提高电脑配置，加快运行速度，减少不必要的时间浪费；更换厂内经常出毛病的老旧机器，避免因故障问题停工。第二，适当提高员工的薪资待遇，保证年终奖定时发放，激发员工的工作积极性。

印刷厂的老板听取了咨询顾问的建议，投入了不少资金进行改革。事实证明，这次的投入是有意义的，设备运行速度快了，员工们也受到了鼓舞，印刷厂的生产效率大大提高，利润比之前增长了30%！

通过这个案例，我们能够更好地理解“问题的关联性”：印刷厂效率低下，和工人的工作效率有关，和印刷厂的设备有关。咨询顾问运用麦肯锡思维，发现了这些联系，并用最简单的方法解决了问题。

【麦肯锡解题】

从横向看，问题之间的联系包括直接联系与间接联系、偶然联系与必然联系、主要联系与次要联系；从纵向看，问题之间的联系可分为本质联系和非本质联系，也称为内部联系与外部联系。当多种问题同时存在时，务必要重视各种问题之间的联系。

发现根源才能根治问题

梅女士四年前买了一辆汽车，最近在一次下班的途中这辆车发生了爆胎事故。所幸，没有造成严重的人身伤害，可是回想起这件事情，梅女士还是会惊出冷汗。

梅女士的汽车为什么会出现爆胎的问题呢？

根据现场的情况来看，梅女士的车胎出现了严重的磨损，但这是问题的根源吗？不，它只是一个表层原因。真正的原因是，梅女士自从买了这辆车后，一直忽视车胎的保养，没有进行及时的检查和必要的更换，致使爆胎事故发生。

麦肯锡告诉我们，看问题不能只看表象，而不究其根本；解决问题的关键在于，知道问题背后隐藏着怎样的实质，唯有分析出问题产生的根本原因，才能彻底解决问题。以梅女士为例，发生了这次爆胎事故，仅仅更换全新的轮胎是不够的，如果梅女士不能做到经常检查轮胎，及时排除隐患，类似的情况还有可能再次出现。

在现实生活中，有许多问题比爆胎事件要复杂得多，这更要求我们不能只看表象，凭借直觉做判断，而是要透过问题表象挖掘根本原因，在事实中探寻问题背后的逻辑。

美国阿肯色州有一家综合性医院，周围生活的群体大都是普通劳工，他们文化水平不高、性格冲动暴躁，这家医院经常发生医患斗殴的情况。医院的管理者认为，斗殴产生的原因是因为患者素质较低，可是麦肯锡的顾问通过观察具体的就医流程发现，医患关系紧张的根源出在该医院的就医流程设置上。

该医院只向患者发放一张带有个人保险号码的就医单，那些没有保险的患者拿到的则是一张白纸，需要按照护士站前的标准格式表格（仅粘贴了一张）自主填写。由于表格复杂、烦琐、不清晰，很多患者在填写的过程中都非常烦躁。

这家医院的等候区设置在一楼的大厅，但没有区分科室，除了重症患者能够得到急救之外，其他的人都要在大厅里等候。大厅的环境十分嘈杂，患者置身于此，心情可想而知。有些冷门科室就诊人数少，患者很快就能就诊，而那些常见病科室的患者则要等很久。患者并不清楚真实的情况，他们看到的是——有些人刚来就能就诊，自己等了半天还没有被叫号。

在医院做过检查和化验后，患者只能先拿到检查结果副本，而原件则要过一段时间才能被送到医生的办公室。患者拿到结果的副本后，迫切地想要知道自己的病情，此时医生尚未看到化验结果，就只能让患者继续等候。患者不明白：为什么已经有了化验单还要等？在这种情况下，患者很容易因失去耐性大吵大闹。

麦肯锡的顾问在弄清楚事情的真正原因后，找到了这家医院的负责人，建议优化患者的就医流程：为患者提供多种就医表格；在不同区域按照科室划分等候区；将化验单据的发放顺序进行对调；增加医生与患者、患者与患者的沟通平台。当这些措施一一实施之后，这家医院的吵闹斗殴现象有了明显的改观，过往的医患矛盾也明显减少。

对麦肯锡的咨询顾问来说，为客户解决最根本的问题，是其工作的意义所在，而解决这个问题的前提是，弄清楚真正的问题是什么。只有弄清问题的本质，分析出问题真正的原因所在，才能够提出正确的解决方案。

【麦肯锡解题】

一个问题想要得到最终的解决，光靠归纳表面现象和解决表面问题是行不通的。表象只是为解决问题提供线索，想要彻底解决问题，还需要根据线索，找到事情的根源。

思考要从原点开始

某公司的负责人告诉麦肯锡的顾问："我们公司已经连续两年亏损了，试过很多办法，像开源节流、精简人员，都没什么用，这该怎么办？问题出在哪儿呢？帮我们想想办法吧！"

这种情况下，如果按照客户的思路，给出相应的减少财务成本的建议，能解决问题吗？未必！因为真正要解决的问题，不一定是财务亏损，根源可能出在其他方面。

所以，麦肯锡人在处理问题时，始终保持"从零开始"思考的习惯：无论自身的经验有多么丰富，在面对客户的提问时都不会随意给出答案，而是选择"回到原点"，先对问题进行一定的了解，去收集足够的资料。他们十分清楚，问题只是一种表象，背后往往隐藏着更重要的东西——事实。

“从零开始”思考

从零开始思考问题，可以避免被现有的框架束缚，这一框架可能是别人设置的，也可能是自己熟悉的。只有回到原点思考，才能抓住真正的问题点，继而挖掘出解决问题的线索。

看清事实，发现问题背后的真相，对解决问题至关重要。作为一家世界级的公司，麦肯锡公司对人才的要求极高，判断一个新人能否胜任这份工作，其中的关键环节就是看他们能否掌握足够的事实。

多年前，麦肯锡的一位顾问接到了一个项目，客户是一家大型银行，希望通过麦肯锡的建议来提升外汇方面的业绩。这位顾问不太了解该银行的业务，在和团队其他成员研究商讨之后，决定以银行的后勤部门为对象进行假设，并以降低后勤部门30%的经营成本为目标，对这一假设进行验证。如果该假设成立，他们就可以将这一模式应用到银行的其他部门。

确定了假设与目标后，该顾问就来到银行的后勤部门，请他们提供相关的资料。银行后勤部门的负责人，对麦肯锡顾问的这种做法表示怀疑，在他看来麦肯锡的顾问从来没有做过银行的后勤工作，自然也不太了解这一行的操作流程，就算他们能够根据提供的资料作出报告，报告中的数据也都是自己知道的，这种工作没什么意义。

面对后勤部门负责人的质疑，麦肯锡的顾问没有反驳，而是按照自己的工作步骤把资料带回去仔细研究。

研究是一切分析和行动的前提

在麦肯锡的理念中，研究是一切分析和行动的前提。没有对翔实材料的研究，所谓的分析只是凭空猜想，根本不能把握住问题的本质。

研究过后，麦肯锡的顾问终于发现了一个信息：有一个产品的生产成本约占部门总生产成本的50%，而其产生的业务却只占部门总业务的5%。换而言之，这个产品的存在直接拉低了部门的整体业绩，而银行的相关人员竟然没有意识到这一点。

当麦肯锡顾问的假设得到证实以后，他们就开始将解决后勤部门问题的分析模式和理念套用在其他部门，最终取得了很好的成果，银行也对麦肯锡的工作感到非常满意。

透过麦肯锡的这一实例，我们不难看出：负责这一项目的麦肯锡顾问，最初并不知道事实是什么样的，所以，他没有直接采取措施，而是先做了一个假设，并搜集相关的资料进行分析。当这一假设被认证为真以后，他才开始正式处理这一项目的问题。

麦肯锡收集信息的方法

客户提供的资料是有限的，这就要求参与项目的工作人员要亲自到达现场，进行有针对性的社会实践调查，收集原始材料，或采访官方材料的编写者、负责人，针对与项目相关的部分进行具体询问与核实。最后，将这些材料结合起来进行分析整理，制定假设方案，逐一验证，从中选取最佳方案。

麦肯锡记笔记的方法

麦肯锡人秉持简单原则，在进行访谈时，不强调笔记的形式，而更看重效果。麦肯锡人总结了几条记笔记的要点：第一，记录对自己解决问题时最有用的信息；第二，记笔记的同时进行框架性的思考；第三，仔细加工和整理受访者提供的具有创造性成果的论据；第四，将事实和意见分别记录；第四，随时记录访谈中的疑问，以便进行深入的信息整理。

麦肯锡人时刻谨记，要百分百地尊重事实，摒弃自己的主观想法，以免掉进思维误区。主观意识过重是一件很危险的事，它会让人沉浸在自己的观点中难以自拔，且主观的人容易产生偏激的思想，将所有与自己不同的观点都视为别人在跟自己作对。这样的话，很容易一再犯同样的错误，也很难客观地评判事物，看不到事情的真相。

【麦肯锡解题】

以事实为基础，是解决问题必须要遵守的一项重要规则。不要只看问题的表面，也不要凭借主观意识去判断事实真相如何，要对问题相关的资料进行大量搜集。只有客观地研究才能作出准确的判断，只有客观的人才能接近事实真相。

锤炼洞察力

电影《教父》里有一句话令人印象深刻："花半秒钟就看透事物本质的人，和花一辈子都看不清事物本质的人，注定是截然不同的人生。"任何一个领域内的高手，都是洞察力极强的人，能够觉他人所不能觉，见他人所不能见。

被誉为"作家中的作家"的博尔赫斯，之所以能够写出"人死了，就像水消失于水中"的精妙绝句，是因为他洞察到了个体的微不足道，以及死亡发生时的悄无声息。

洞察力是逻辑思考的前提

麦肯锡公司被誉为"管理咨询界开山鼻祖"，其精英员工们之所以能够在同样的表象之下，解剖出新的信息，提出正确的解决问题之道，也是因为他们拥有强大的洞察力，能够把那些隐藏在事件或事物背后的事实分析出来。这也提醒了我们，洞察力是逻辑思考的前提。

一位曾专门负责亚洲市场的麦肯锡顾问，在回顾过往的工作经历时说道：

“我去过亚洲40多个国家和地区，一年的机票就要用掉上百张。去的地方多了，就慢慢开始进行思考和比较，根据各国之间的差异，了解如何与不同国家的人打交道。日本人待人谦和，有礼貌得让人觉得卑微，但与日本人之间还是有不少争斗的，和他们打交道容易，可要让他们在原则的问题上让步，几乎是不可能的；韩国人比较团结，内部尊卑有序，但对外则像一块铁板，和他们打交道很不容易。”

不得不说，这位麦肯锡顾问的洞察力十分敏锐，对日本人和韩国人的认识也很有洞见。以日本人来说，他们倒茶的时候通常会采用蹲姿，接名片时用双手，见面和离别时都会鞠躬，这些彬彬有礼的表象背后，正是日本人谦卑的性格。正因为有了这样的洞察力，这位麦肯锡精英才能够根据不同的人，选择不同的沟通策略，在东南亚咨询领域如鱼得水。

洞察力＝观察力＋分析判断能力＋想象力

洞察力不是某一项单一的能力，而是观察力、分析判断能力与想象力的合集。

观察力—没有超强的观察力，就不能在别人不易察觉的细微之处发现信息，无法为获得准确、全面的信息提供保障。

分析判断能力—获取信息之后，需要对其进行甄别，判断真假；还要透过表面信息，挖掘出更多的潜在信息，追溯其原因、原理，从而得出本质性的结论。

想象力—以观察到的信息和分析后的新信息为基础，进行逻辑推演。

提升洞察力的方法

○ 增长见识

网上有一句调侃的话：“读万卷书不如行万里路，行万里路不如阅人无数。”见过了更多的人，见到了更多的事，洞察力更容易跟随见识一起增长。

○ 扩展学识

很多人之所以缺乏洞察力，对生活和工作中的一些现象熟视无睹，是因为过于看重自身的目标，只要事不关己、无关利益，都不会去做。这样的心理下，不会去主动观察、积极思考，必然无法洞察到新鲜事物。

世界上许多事物的运行原理，在某个层面都是相通的，且有借鉴意义。保持好奇心的人，往往能够从不同的事物中获得启示，继而触类旁通，形成洞察。所以，要培养广泛的兴趣，涉猎不同的知识，保持不断学习的习惯。

○ 深入了解

扩大知识的广度，可以为解决问题增加助力，但也不要忽略专注的力量。对某一事物或某一问题，也须深入了解，深度耕耘。

○ 独立思考

有了丰富的见识与学识，还要勤于思考，特别是建立在丰富的知识体系之下的独立思考。巴菲特的成功，与他敏锐的洞察力密不可分，而坚持独立思考是造就这份洞察力的重要因素。

【麦肯锡解题】

正确的逻辑思考可以为我们带来解决问题的方法，但这种思考必须建立在正确认识事实的基础上。有些时候，事实不总是摆在眼前，它隐藏在事件或事物背后，我们需要运用强大的洞察力去发现、挖掘和分析。

用逻辑思考揭开问题真相

回顾过往的生活，你是否有过这样的体验——

- 作为领导，你给下属布置任务，明明交代得很清楚，结果却与预期大相径庭?
- 作为下属，你向上司阐述想法，表达得十分详尽，上司却一脸的茫然?
- 作为亲友，你把自己做事的初衷解释得很透彻，对方却完全不理解?

除了以上情形，你是否还有过这样的感慨——

- **明明没有偷懒，甚至比周围的人更努力，却总是徒劳无功，看不见成绩？**
- **同样一件事情，自己提议时无人回应，别人描述时却得到了一致好评？**

上述的这些情况，看似涉及不同领域的问题，实则可以归咎于一点：尽管你向对方传达的信息是正确的，但因为表述缺少逻辑性，使得最后的效果不尽如人意。

作为全球最著名的咨询管理公司，麦肯锡为什么能够在短短几年的时间里，让一个个新人“脱胎换骨”，变成无往不胜的职场精英，出入世界五百强的高管会议，为同样是精英的企业家们出谋划策？面对同样的问题，为什么麦肯锡人能够透过表象看到本质，推导出解决问题的方法，并最终获得精英客户们的信任？是什么赋予了麦肯锡人这样的魔力？

答案就是——逻辑思考能力。这是麦肯锡员工入职培训的第一课，也是其思想中的精髓。不同的思维方式，会让人在判断事物时得出不同的结论，继而采取不同的行动。

麦肯锡团队曾经承接过一项咨询工作，为美国南部某州的一家电子企业策划如何开发中国市场。在接受咨询之前，客户方已经对中国市场进行了详尽的调查，这也意味着，麦肯锡团队可以与之直接谈论更深层次的问题。

可是，当双方就细节问题进行讨论过后，麦肯锡团队敏锐地发现了一个重要的问题：客户虽然对中国市场做了详尽的调查，但调查的结果却是一个错误的结论。比如，这份调查报告中显示，中国人均收入超过6000美元，客户公司因此认为，中国人的购买力很强，试图将产品瞄准高端市场。

然而，麦肯锡团队对中国的实际情况比较熟悉，他们知道中国民众对于储蓄的热情远远超过消费，所以6000美元的收入并不意味着中国人真的可以拿出更多的钱来消费，这跟美国人赚多少花多少的消费观念有很大区别。

面对同样的事实，客户公司与麦肯锡团队得出的结论截然不同，原因就在于双方的思维方式有很大的差异：客户公司运用的是直觉思维，而麦肯锡团队运用的是逻辑思维。

直觉思维

直觉思维，就是建立在个人直觉的基础上，不经过推理和分析的过程，直接对认识对象下结论的思维方式。直觉思维具有迅捷性、直接性、本能意识等特征，当我们陷入某种情境或某个问题中时，大脑会下意识地提取过往的经历，从中找寻可复用的方案。一旦大脑搜寻到了类似的情境和问题，就倾向于直接复用当时的解决方案并停止继续思考。

直觉思维的益处在于省时省力，能在遇到看似相同的问题时快速找到解决之道，这也是我们进行刻意练习的意义所在。然而，直觉思维不总是美好的，过于依赖直觉去做判断和决策，极有可能会出现偏差和谬误，原因有两点：

其一，经验只存在于过去，现实却在不断变化，只有现实恒定不变，过往的经验才会对现实产生绝对的指导意义；其二，有时我们脑海中深信不疑的正确的知识，会误导我们的选择，比如提到非洲大陆的最南端，很多人立刻会想到好望角，这个地方在书本上被提到的次数最多，几乎成了非洲的代名词，可实际上问题的正确答案是厄加勒斯角。

逻辑思维

逻辑思维，是人们在认识事物的过程中借助于概念、判断、推理等思维形式能动地反映客观现实的理性的认识过程，也称抽象思维。简单来说，就是建立在因果关系之上的反映客观现实的思维方式，具有规范、严密、确定和可重复的特点。

麦肯锡的精英们大都毕业于世界著名的商学院，拥有MBA等学位，学习成绩优异，且有过在大型企业特别是跨国企业工作的经验。这些精英进入麦肯锡的平均年龄在28岁左右，对他们来说，称之为精英名副其实，但还不足以称之为专家。因为论专业技能，他们很难与在某一领域内深耕十年、二十年的专业人士相比，但他们有着引人为傲的逻辑思考能力。

无数实例证明，在进行企业管理的过程中，不少业内专家遇到本领域的问题时，会习惯性地先借助直觉来判断。诚然，这可以为他们节省时间和精力，但同时也可能让他们的思考产生一些自以为是的疏忽。麦肯锡的精英们则不同，无论面对的问题是简单的还是复杂的，他们都不会凭借直觉去作判断，而是选择在错综复杂的表象中挖掘事实的本质，并依据事实作出符合逻辑的推断，最终从根本上解决问题。

【麦肯锡解题】

在运用逻辑思维对事情进行思考和判断时，由于不同的人有不同的逻辑思维，对事情的理解存在偏差，因而所得结论和所作决策也不一样。在各种各样的逻辑思维中，有些是正确的，有些是错误的。在运用逻辑思维时，一定要先确定自己的逻辑思维是不是正确。只有正确的逻辑思维，才能够引导正确的结果。

如果，你拥有一万双眼睛，
为什么一直还只用一双眼睛看世界？

第二章

麦肯锡解决问题的逻辑思维

问题分三类，解决好对症

无论生活还是工作，总会有层出不穷的问题冒出来：

- 下周的生日聚会要怎么安排？
- 如何减少流通成本？
- 怎样才能开发出畅销的产品？

这些问题不尽相同，但它们都有一个共通点：都需要找出相应的解决策略并付诸实施以解决问题。从这个意义上来说，问题可以解释为“必须要被解决的课题”。

然而，知道了“是什么”，还要知道“为什么”，毕竟，问题不会无缘无故地产生，我们需要了解问题的本质。麦肯锡人认为，问题的本质是现实与期望之间的落差。

某公司有一款销量不错的产品，最近半年销量下滑得很严重，公司对这一情况感到忧心，因为现实销量与他们对该产品的期待销量有很大的落差。

现实与期待不匹配的情况，可能会发生在生活和工作中的各个方面，所以我们随时随地都可能会遇到问题。麦肯锡的成员在多年的咨询工作中发现，虽然问题的本质是期望与现实的落差，但这种落差是可以改变的，既可以通过改变人去匹配环境，也可以通过改变环境去匹配人。问题不会永远是问题，期望与现实之间的落差也不一定会持续存在。关键在于，我们能否发现这种落差的本质，以及能否根据不同的本质“对症下药”，让落差逐渐缩小或消除。

曾任麦肯锡顾问的高杉尚孝结合实际的工作经验，将问题总结为三种类型：

恢复原状型

这种问题的出现，往往是因为事情在某些环节上出了问题，继而阻碍了整件事情的正常运行。麦肯锡认为，处理恢复原状型的问题，只要将有问题的环节恢复原状，整个问题就能迎刃而解，其中的关键点是“对发生的状况有清晰正确的认识”。

假设某公司的采购部因疏忽大意下错了订单，导致企业购入了一批完全无用的物资，损失了几十万元的资金。在明确这一状况后，就要进行应急处理，与商家协商将购错的物资退回，尽可能地挽回损失，让状况复原。最后，还要对问题进行反思，总结经验，避免日后再犯。

追求理想型

麦肯锡认为，解决这一类型问题的关键在于，设定合理的理想和实施策略。无论是个人还是企业，在追求理想之前，都要先明确自身的优劣势，不能盲目地以他人的成就作为自己的标准，要结合自身的真实情况制定合理的、切实可行的目标。

有一家玩具厂在理想状态下年利润为500万元，但实际的年利润只有410万元。为此，老板很不高兴，指责下属管理不力，埋怨员工干活不积极。实际上，从这家玩具厂的规模来看，利润还算是不错的，只是实际利润与理想值存在落差。

理想与现实之间本就存在差距，当企业中出现追求理想型的问题时，经营者和管理者一定要端正态度，认识到这一问题产生的根本原因。特别是中小型企业，在发展过程中总是会遇到各种各样的阻碍，影响既定计划，使得预期目标无法实现。如果不承认发展过程中的局限性，盲目地要求必须实现既定目标，或是对员工进行指责和惩罚，都会影响到员工的工作积极性，让情况朝着糟糕的方向发展。

预防隐患型

隐患型问题往往是当下没有什么大碍，但若放任不管，将来就会变成大麻烦。麦肯锡认为，解决隐患型问题的关键点在于，分析诱因和制定预防策略。这里的预防，是指在问题发生之前，预测该问题会出现，并提前进行预防。

具体来说，要根据现有的情况，假设可能会出现的一个或多个问题，可能是人力、物力、财力上的，也可能是事情发展的一种不良状态。之后，对可能引发这些问题的诱因进行分析，在此基础上制定相应的策略。同时也要考虑到，万一预防策略失败，问题真的发生，该如何应对和挽回损失。

在现实的企业经营中，出现的问题往往不只是一个类型，而是综合了两个或三个类型的问题。麦肯锡提醒管理者，在识别问题类型时，一定要全神贯注，避免被外在的一些干扰误导，作出错误的判断。只有把注意力集中在真正的问题上，识别出问题究竟属于哪一类型，才能找到行之有效的解决办法。

【麦肯锡解题】

在尝试解决问题之前，先要明白问题有哪些类型，不同类型的问题，解决方案的着力点不一样。恢复原状型问题，关键在于说明状况；追求理想型问题，要给出具体的实施策略；预防隐患型问题，要重视预防隐患，分析可能存在的诱因。

相关性≠因果性

批判性思维是麦肯锡团队十分重视的一项素质，曾在麦肯锡负责招聘工作的一位精英如是说道：“我们总是在寻找那些具有分析和思考能力的人，他们应该具有批判性思维，可以把问题分解来分析。我们想要他们知道如何把问题组织起来。我们还要看到他们进行商业判断的能力，以及明白自己的解决方案的含义和感受。”

为了实现这样的目标，麦肯锡在招聘过程中会使用大量的案例，有些是麦肯锡的实际案例，也有一些匪夷所思的案例，比如“一棵树有多少片叶子”“美国有多少个加油站”。

对于这些稀奇古怪的问题，麦肯锡看重的并不是问题的答案，而是面试者的思考过程以及处理问题的能力。那些能够运用批判性思维，跳出常规想法，把问题分解成各个部分，询问相关问题，且在必要时作出合乎情理的假设的人，往往会拿到麦肯锡抛出的“橄榄枝”。

判断一个人是否具有批判性思维有一条重要的标准：能不能发现和更正一些固有的逻辑谬误。最常见的谬误就是乱用因果关系。这是麦肯锡在实际的商业咨询中经常会遇到的问题，也是他们向客户解释最多的谬误之一。

麦肯锡的顾问休斯，曾经为一家保险公司进行咨询服务。这家保险公司存在一个棘手的问题，他们向中小学生群体提供的意外伤害保险费用很低，但这一群体发生意外伤害的概率却很高，公司因此赔付了大额的保险金。面对这样的现状，保险公司想要砍掉这块业务，认为是它拖了公司的后腿，拉低了盈利能力。

毋庸置疑，保费低与保险激活率高之间的不合理比例，会对一个险种的盈利率造成影响，而各险种的盈利率与企业整体的盈利能力息息相关。但是，这种相关的关系，是否可以被解释为因果关系呢？答案是——不能！

相关性≠因果关系

把相关性看作因果性是逻辑思考中的一个致命谬误。事物之间有相关性，并不能证明它们存在因果关系。有时，两者之间的因果恰恰相反，或者两者之间根本没有因果关系。这种谬误会让我们无法准确地认识到真正的问题所在，无法形成一条正确的逻辑线索。

我们来分享一个有趣的故事：

有个孩子很喜欢思考，他注意到一个现象：每天早上，太阳都会升起，到了傍晚又会落山，不知道藏到什么地方。为了弄清楚太阳到底去了哪儿，这个孩子在每天太阳落山的时候都会盯着它。可是，无论怎么观察，他依然找不到问题的答案。

后来，这个孩子又注意到一件事，他家里的保姆阿姨也是早上出现在他家，傍晚又离开，然后就不见了。孩子好奇地问：“阿姨，您晚上去哪儿了？”

保姆说："阿姨回家了。"

就这样，孩子把保姆阿姨的来去和昼夜循环联系在一起，得出了一个结论——"因为保姆阿姨回家了，所以太阳也回家了。"

孩子的想法颇具童真的味道，但这样的逻辑错误，却不只是发生在孩子的头脑中。我们经常会在生活中听到或看到这样的推理——

■ 研究发现，越是成功人士，睡眠时间越短。

■ 研究发现，去医院越多，越容易生病。

■ 研究发现，儿童时期吃西蓝花越多，成年后的职业收入往往也越高。

……

事实上，这些推理都存在严重的逻辑错误！按照这样的说法，要是不睡觉，是不是就能变成富豪？就算生病了，也别去医院？现在赚钱少，是因为小时候吃的西蓝花太少？这里的每一个A和B都只是相关关系，但这种相关关系，是推理不出因果关系的！

把相关性与因果性混淆，是逻辑思考中的一个大坑，也是一件危险的事。尽管原因先于结果出现，但先于结果出现的还有许多其他因素，其中有一些并不是引发结果的原因。分析事物，一定要谨慎，不能把巧合的相关关系视为因果关系。否则的话，就会做出错误的判断。

无论在工作还是生活中，如果有人向你指出A和B之间有相关性，以此推断它们为因果关系时，请务必记得问一句："还有没有其他原因，可以解释它们之间的这种联系？"

【麦肯锡解题】

在分析问题和解决问题的时候，务必进行一项重要的逻辑思考：分清楚哪些事件只是相关的，哪些事件既相关又互为因果。在这个逻辑思考基础上，问题更容易被分析清楚，得到彻底的解决。

假设与结论别混为一谈

在麦肯锡精英们的实际工作中，他们经常要从分析外部数据和企业自身的数据入手，在这些基础数据之上进行逻辑思考，并作出多种假设。比如，假设某个行业正处于衰退之中，该行业的整体成长已经明显放缓，就应当建议客户压缩投资。

我们知道，提出假设是进行逻辑思考的基础，但是这些假设并不是真正的结论，两者之间有很大的区别，假设是需要进行验证的。所谓的“行业逐渐衰退”，只是一种假设，而不是最终的结论。所以，麦肯锡的成员需要收集和分析各种相关的证据，来证明“衰退”这一假设是正确的。在这个过程中，往往就有各种问题凸显出来。

提出假设后，要通过调查和分析进行验证

提出假设并不是最重要的，最重要的是证明或否定假设，得出结论。在没有得到验证之前，假设就只是假设，并不是结论，因为假设有局限性。在提出假设后，一定要收集各种需要的资料，论证假设的准确性，进而推导出假设是否可以作为相应的结论。

在现实的企业经营中，不少管理者都错把假设当成结论，忽略了搜集证据、印证假设以及得出真正结论的过程中的逻辑思考，致使最后得出一个错误的结论。

在日本，和服的市场规模目前呈现出逐渐萎缩的趋势。回顾近二十年的统计数据，可发现平均每个家庭购买和服的支出费用缩减了50%，加之日本的人口老龄化日益加剧，新生儿的比例逐渐下降，不少人预测和服的市场规模将会变得越来越小，并因此认定和服行业将陷入衰退之中。

在这个实例中，前面提出的论据只是一种现象，并不是结论。如果进一步对相关数据进行分析，就会发现新的信息：和服在整体市场中的销量虽然呈现出了下滑趋势，但是用作浴衣的和服的销量却没有缩减，且年轻女性是这一产品的主要客户群体。如此，我们就可以得出这样的假设—年轻女性热

衷于浴衣和服，和服市场的整体下滑并不会改变她们的购买习惯，所以和服行业依然存在以年轻女性为购买主力的潜在需求。

接下来，可以对通过数据得出的假设进行逻辑思考，从而得出结论：对于和服市场，与其耗费大量的精力和财力去设计新款高端和服，不如转向开发更受年轻女性青睐的、符合她们的审美和需求的新款浴衣和服。

针对日本和服的这一案例，倘若从一开始管理者或咨询顾问将“和服市场逐渐萎缩”这一假设当成结论，就可能会认为：和服行业已经衰退，很难提升营业额。这一结论不仅无法帮企业解决问题，还可能会误导企业作出不利的决策。

【麦肯锡解题】

许多人把假设与结论混为一谈，究其根源在于，他们将很多由数据和信息建立起来的假设当成了事件的结论。仅凭没有证实的假设是无法解决问题的，要在对假设进行验证的过程中，不断结合信息进行科学推导，得出正确的结论，如此才能最终解决问题。

结构化思维：杂乱记忆整理术

下面有14个字母，你试着在3秒钟内看完并记住它们：

a e f b g j k d c i h n l m

能记得住吗？是不是觉得很费劲？现在我把它们的位置换一下，你再试试：

a b c d e f g h i j k l m n

同样是这些字母，但凡有一点拼音或英文基础的，都可以很快记住它们。为什么后面的一组字母比较容易记忆？这里就涉及结构化思维的问题。

什么是结构化思维？

结构化思维是指从整体思考到局部，是一种层次分明的思考方式。简单来说，就是借用一个思维框架来辅助思考，将碎片化的信息进行系统化的思考和处理，从而提高思维的层次，更全面地思考。简单来说，没有结构的思维是零散混乱无条理的想法的集合，而结构化思维形成一个有条理、有层次、脉络清晰的思考路径。

正是因为具备了结构化思维，才使得麦肯锡精英们在不了解一个行业、不具备专业知识的前提下，快速学习并掌握行业精髓，在短期内完成跨界，为各行业的专家们出谋划策，高效地解决各种商业难题。

结构化思维的原理

人处理信息的能力有限，杂乱的信息会让大脑感到负荷太重，它更偏爱有规律的信息。上述的两组字母是一样的，但第一组字母是随机排列的，而第二组字母是按照26个英文字母的顺序排列的，结构上更有规律，更符合大脑的思维习惯，所以更便于记忆。

如何训练结构化思维？

○ 方法1：自上而下建立结构

在处理问题、与人沟通、撰写文章的过程中，如果我们能够建立一个框架，把零散的信息放进去加工整合，就能够更快更好地得出正确的结论，这个框架就是结构化思维。

事实上，这种方法东西我们很早就接触过，比如学习作文时，老师讲过的“总分总”结构；解答数学题时，先求什么、后求什么的思路，都属于结构化思维的范围。

○ 方法2：自下而上提炼结构

自下而上提炼结构，是一个先发散再收敛的思考过程，目的是提炼出一个结构完整、逻辑清晰的框架，来帮助我们系统地解决问题、回答问题。

Step1：尽可能列出所有思考的要点；

Step2：找出要点之间的关系，利用MECE原则进行分类；

Step3：总结概括要点，提炼要点；

Step4：补充观点，完善思维。

结构化思维的应用实例

周二当天，某公司领导预想在下午3:00召开一次会议，将此任务传达给总经办助理。但因为需要与会的人员各有公务在身，且时间上有冲突，总经办助理思虑后，把开会的时间安排在周四上午11点。她要怎样向领导汇报，才能说清楚这样安排的原因？

针对这一情况，我们可以根据“自下而上”的方式来处理。

第一步：罗列要点

○ W经理下午3点钟不能参加会议；

○ S说不介意晚一点开会，会可以放在明天开，在10:30之前不行；

○ 会议室明天有人预定，但周四还没有人定；

○ T明天要很晚才能回来；

○ 会议定在星期四11点比较合适。

第二步：概括分类

○ 明天（周三），T无法参加；

○ 上午10:30前，S不能参加；

○ 下午3点，W不能参加；

○ 周四会议室可用。

第三步：提炼要点

○ 会议安排在周四，时间选择在10:30—15:00，所有人都能参加。

在跟领导汇报时，总经办助理就可以这样表述——

“我们可以把今天下午3点钟的会议，改在星期四上午11点吗？因为这个时间点，T总、W经理和S都能参加，且本周只有周四会议室还没有被预定。您看如何？”

结构化思维的两种方法没有优劣之分，在遇到问题的时候，你觉得哪种结构能表达你的思考脉络就用哪种。坚持一段时间后，你会发现自己思考问题时更有逻辑性，说话也更有条理了。总之，告别了一团乱麻的状态，做事的效率和结果都会发生改变。

【麦肯锡解题】

培养结构化思维，可以从最熟悉的行业开始进行实战，摸清思路，再向外扩展。掌握了这套思维模式，不仅能帮助你快速地进入一个行业或领域，还能让你在思考人生的其他问题时，快速掌握核心要素，找到解决问题的办法。

不给思维上枷锁

问许多职场人士下面的问题：为什么不尝试换一种方式做这件事？为什么不肯接受那些新奇的事物？为什么不去找找另外的出路？得到的答案往往是：我有自己的做事方式；我不喜欢那些东西；我习惯了现在的生活。

事实上，与其说是生活上和工作上的习惯，不如说是思维上的惯性。这种惯性，让很多人一辈子忙碌却平庸，迷失了很多。

曾经见过许多下岗的人抱怨自己无法生活了，破罐子破摔，是不是真的无法生活了？是不是有那么悲惨？实际上，许多人的问题在于，习惯了每天上班“一杯茶、一包烟、一张报纸看半天”的日子，看似每天也在办公室里忙着，可实际上耗去的只有时间，一旦生活有了变动，他们就无力承受，无法适应。这，才是问题的关键。

可以理解，多数人都希望生活稳定一点，工作稳定一点，坚持上班下班，让日子安安稳稳。从一开始，就想着朝九晚五，即便在岗位上也忙碌了几十年，可这样的忙碌从最开始就没有创造力，人生岂能不平庸？这样的忙碌，这样的坚持，究竟算得上是敬业，还是得过且过？

暂且不提人生是否辉煌，单纯从工作发展上说，思维惯性也是一个棘手的问题。在一定的环境里生活或工作久了，很多人不自觉地养成固定的思维模式，这种惯性驱使着人们从固定的角度来思考、观察事物，用固定的方式来接纳事物，逐渐就丧失了创新思维，不管怎么忙碌，怎么折腾，就跳不出那个固定的圈圈。

比如，很多上班的人，每天习惯走一条固定的路线，乘坐固定的某路公交车，在条件允许时候会选择固定的座位；出差的时候习惯找自己熟悉的宾馆；做事时习惯沿用过去的方式。道理很简单，因为经验让人觉得踏实，一旦改变可能给自己带来不必要的麻烦，所以不管它的效率是否真的很高，不管它带来的结果是否真的令人满意，却只认定它。事实上，这未必是最好的选择，惯性可能会在无形中让人给自己设限。

有一位朋友，总喜欢穿同样款式的衣服，别人推荐其他款式，他看都不看，总觉得不适合自己。他在第一家单位工作了近五年，工作态度倒是挺勤恳，兢兢业业的，但待遇变化不大。结婚生子后，迫于生活的压力，他不得不跳槽到另外的单位。只可惜，他对新环境的适应能力并不强，总是套用以前单位的那种文化和处事方式，一次又一次碰壁。

现在的待遇，和从前相比是高了，可是在同行眼里，他的薪水还是处于中下等水平。不是单位没有提供好的平台，而是他太小心谨慎，习惯性地故步自封，保全自己。这样一来，业绩自然平庸。

思维定式，可以缩短思考时间，减少精力耗费，但它有可能会起一种妨碍和束缚的负面作用，让人陷入一个旧的框框里。任你怎么挣扎，都无法跳出它固定的空间。所以说，一个人取得成就的高度，并不在于他曾经有多少兢兢业业工作的经验，而在于他是否具备突破性的思维，纵然你从前抵达过制高点，可那已成为过去。毕竟，环境不同，时代不同，盲目地搬用过去的经验，未必合适。要想攀登人生的高峰，还需要有新的突破。

思维惯性的出现，让很多人已经忘记了什么叫创新？关于如何突破固有的思维，以及如何用简单的方式，打破尴尬的处境，这里有一则轻松的小故事：

有个谢顶的男人走进理发店。发型师问："有什么能够帮您的吗？"谢顶的男人说："我本来去做头皮移植，可实在是太疼了。如果您能让我的头发看起来和您的一样，而且没有任何的痛苦，我给您5000美元。”发型师自信地说道：“没问题。”然后，发型师将自己和对方都剃了个光头。

发型师用行为告诉我们：很多事情，不是你努力了，就会有结果，有可能你的方法是错的，过去的经验不可借鉴。然而，换一个角度去思考，换一种方式去做，根本就用不着大费周折，一样可以达到目的。

为什么现在不少人总在抱怨工作太辛苦，身心太疲惫？其中，有一部分原因就是缺少突破性的创新思维，用自己的经验和别人的经营理念、做事方式，亦步亦趋，如此耗费了大量的时间和精力，效率却不突出。可见，这跟“瞎忙”没什么区别，因为缺乏思考。

我们常常会这样形容一个人：不按常理出牌。其实，人和事都如此。很多问题，原本就是无法通过正常思维去解决的，就算能够解决，也要耗尽精力，唯有快速地寻找有效的解决途径，才是最佳的选择。换一种方式去做，突破固定思维的束缚，主动去优化设想、改善流程，如此，很多看似“不可能”的事，也就变得“可能”了。

【麦肯锡解题】

做事有规矩，但思维无界限。世界是变化的，问题是变化的，解决方法同样需要变化。在常规的方向上久久不能突破时，我们不妨清零一下自己，打破陈规，求得一个柳暗花明。

点子再妙也要用现实检验

麦肯锡的顾问杜塞尔曾经在自己的著作中分享过一个案例：

某保险公司的一位项目经理，专门负责大单项目的跟进与审核。在一次工作的过程中，他脑海里忽然冒出了一个想法：恢复客户利润率的关键，在

于减少漏出（不经过金额理算就赔付）。这个点子令他兴奋不已，他立刻向项目组和管理层汇报，并保证自己的观点绝对经得起检验。

为了证明自己的观点是正确的，这位项目经理特意派一名顾问去计算过去三年中某一类保险索赔的漏出率。这位年轻的顾问出色地完成了任务，他为项目经理收集了大量索赔案例中的漏出数据，但统计结果却显示：漏出远比项目经理估算得要少。

面对这些真实的数据，项目经理并没有客观对待，因为实事求是意味着他得承认自己是错的。于是，他从中挑选出了一些能够支撑自己观点的数据，将它们伪装成全部的数据，展示给了周围的同事。大家看过后都表示认同，鼓励他将这一观点转化为具体的管理措施。

这位项目经理很爱面子，也做了自欺欺人之事，幸运的是他并不愚蠢，也知晓轻重。他拒绝了同事们的好意，因为他心里非常清楚，自己的观点不是建立在真实的情况上的，若真的落实了相应的举措，就难以收场了。

因果倒置

当一个人想要为自己的观点寻找支撑时，用粉饰和伪装的手段也可能获得成功，但这并不意味着他的观点是正确的。自己产生了某个观点，再寻找现实的支撑，在逻辑上是一种因果倒置！

因果关系是普遍存在的，但这并不代表任意的两件事物或两种现象之间都存在因果关系。就算真的存在因果关系，谁是因，谁是果，也需要谨慎判断。如果错误地把观点作为果，而把现实中寻找到的特例作为因，就变成了用特殊的现实为思考服务，得出的结果自然也是片面甚至错误的。

19世纪，英国有一位改革家声称，经过调查研究发现：每个勤劳的农民至少有两头牛，可见有牛的农民都勤奋。据此他判断，如果给那些好吃懒做的农民每个人发两头牛，就能够让他们变得勤奋起来。于是，他就提出了一个改革措施：给没有牛的农民发两头牛。

仔细一看，你就会发现，这位改革家犯了因果倒置的错误。原本，农民勤劳是原因，有两头牛是农民勤劳的一种表现形式，也可视为农民勤劳带来的结果。可在改革家看来，有两头牛是原因，农民勤劳是结果。所以，才有了后面那个可笑的改革方案。

很有可能，给懒惰的农民发了两头牛以后，并无法改变他们懒惰的习性。相反，他们还可能把牛卖掉，挥霍掉卖牛的钱，继续懒惰下去。这样的话，国家和政府的补贴就白白被浪费掉了，同时也会打击那些原本勤劳的农民，他们会认为受到了不公正的待遇。

在日常工作中，麦肯锡顾问也经常会有灵感乍现的时刻，冒出许多精妙绝伦的想法。他们完全有条件从自己掌握的丰富资料中找寻到一些信息来支撑自己的观点。可是，他们非常清楚：一个观点能够得到应用的前提是，必须能够在现实中被反复验证，能够满足客户当下的需求；那些偶然的成功，根本证明不了什么，也不可能帮到客户，甚至还会给客户带来麻烦。所以，无论脑海中闪现出的观点多么精妙绝伦、见解独到，他们都不会将粉饰过的事实强行塞进自己的逻辑框架，来伪装自己是正确的。

那么，麦肯锡精英们是如何处理的呢？

Step1：暂时放下手中搜集和分析证据的工作，反省自己：在过去的一段时间内是否有收获？

Step2：如果有收获的话，这些收获是凭空而来的，还是对现实进行分析后得出的？

Step3：如果是来自对现实的分析，是否经历过再次的检验？

如果这三个问题的答案都是肯定的，才算是发现了新的观点。

【麦肯锡解题】

脑海中迸发出的奇思妙想，不一定能够在现实中得到应用，硬要寻找现实的证据去支撑自己的观点，在逻辑上是因果倒置。特殊的事例与偶然的成功，无法证明观点具有普适性，实践才是检验真理的唯一标准。

或许如何思维，
比思维什么更重要

第三章

麦肯锡看家本领：问题分析工具库

5-WHY 分析法

很多时候，无法彻底解决问题，是因为没有触及问题的本质。

有一次，通用汽车公司下属汽车制造厂的总裁收到客户寄来的一封信，对方在信中抱怨说，他新买的通用的汽车，只要从商店买香草冰淇淋回家就无法启动，如果买其他种类的冰淇淋就不会出现这样的问题。有人觉得，这问题不在车子本身，可能是香草冰淇淋的问题。

制造厂总裁对这封信说的事也感到费解，想不出什么好的解决策略，就只好派一名工程师前去查看。当晚，工程师就随着这个车主去买香草冰淇淋，果然在返回时车子无法启动了。工程师百思不得其解，回去向总裁汇报说问题确实存在，但一时间还无法确定是什么原因导致的。

在总裁的嘱托下，工程师随着车主一连两个晚上都去买冰淇淋。车主分别买了巧克力和草莓两种口味的冰淇淋，结果车子都可以正常启动。可到了第三个晚上买香草冰淇淋时，车子又跟原来一样，出现了发动机熄火的现象。虽然工程师没有找到真正的原因，但他敢肯定绝对不是香草冰淇淋引发的问题。

这件事情引起了汽车制造厂的关注，总裁要求工程师一定要查明原因。在几次随车主外出的过程中，工程师对日期、汽车往返的时间、汽油类型等因素都做了详细的记录。最后，工程师发现了一些关键的线索：问题可能与买冰淇淋所花费的时间长短有关。

香草冰淇淋只是一个偶然的因素，因为它是最欢迎的一种口味，售货员为了方便顾客，直接把它放在货架前，买的人如果需要，用最短的时间就可以买到，而这个时候汽车的引擎还很热，无法使水箱产生的蒸汽冷却下来。如果买其他冰淇淋的话，时间相对长一些，汽车可以充分冷却以便启动，所以就不会出现发动机熄火的情况。

为什么车子停很短的时间就无法启动呢？经过工程师的进一步调查研究发现，问题出在“蒸汽锁”上。虽然这是一个很小的细节，技术难度也不大，可却严重影响了客户的使用。经过反复思考，工程师终于解决了这个问题。

《麦肯锡传奇》里有这样一段描述：“企业倒闭最常见的原因不是因为对正确的问题提出了错误的答案，而是因为对错误的问题提出了正确的答案。太多的企业一次次做出看似最佳但却是建立在错误假设之上的决策，结果一点一点地把自己逼进了死路……麦肯锡要帮助客户免遭倒闭的厄运，就必须要找准问题……”可见，精准地找到问题，才能精准地解决难题。

道理易懂，难的是遇到实际的难题时，怎样做才能够找准问题。

5-WHY分析法

在探寻问题本质的时候，麦肯锡人经常会用到5-WHY法。这种方法最初是由丰田佐吉提出的，是指对一个问题连续多次追问为什么，直到找出问题的根本原因。

日本丰田汽车公司，曾经借助这一方法解决了机器停机的问题。

当时，丰田工厂的一些机器会突然停止工作，有些是因为机器老化或故障，但更多的还是因为一些小问题，如电闸的保险丝断了。照理说，保险丝断了不是什么大事，换一根就好了，也花费不了多少钱，可对于大规模流水化作业的工厂来说，造成的损失可不仅仅是一根保险丝的价值，它很可能会导致一天的产量任务无法完成，甚至不得不让一些岗位的员工停下来等待。

有一天，丰田汽车公司的一台生产配件的机器在生产期间突然停了。经过检查发现，问题依然是保险丝引起的。正当一名工人拿出一根备用的保险丝准备去换的时候，一位管理者看到了，便借助5-WHY分析法来解决这个问题。

问：“机器为什么不运转了？”

答：“因为保险丝断了。”

问：“保险丝为什么会断？”

答：“因为超负荷导致的电流过大。”

问：“为什么会超负荷？”

答：“因为轴承不够润滑。”

问：“为什么轴承不够润滑？”

答：“因为油泵吸不上来润滑油。”

问：“为什么油泵吸不上来润滑油？”

答：“因为油泵产生了严重的磨损。”

问：“为什么油泵会产生严重的磨损？”

答：“因为油泵没有装过滤装置而使铁屑混入。”

看，只是一段简短的问答，却找出了事故的真正原因。接下来，在油泵上装上过滤器，就不会再导致机器超负荷运转，也不会经常地烧断保险丝，继而保证机器正常运转。如果当第一个“为什么”解决后，就停止了追问和思考，认为问题已经解决了，那么不久后保险丝依然会断，问题还会反复地出现。

在使用5-WHY法时要注意，虽然名为“5-WHY”，但在使用时并不限定只做5个“为什么”的探讨，也许是6个、8个或者更多。原则是：不断追问下去，直到问题没有意义。

5-WHY分析法看起来似乎很简单，只需不断地询问“为什么”，但在实际操作时却不是每个人都能够掌握要领，能像麦肯锡精英一样借助提问获得真正有价值的信息。

5-WHY分析法的应用原则

原则1：询问和回答要在限定的流程范围内，要有具体的因果关系。

原则2：要朝着解决问题的方向进行分析。

原则3：要多寻找可控因素，能从中找到行动方向。

原则4：刨根问底并不等同于钻牛角尖。

【麦肯锡解题】

5-WHY分析法是一种从表象问题寻找根本原因的逆向推理分析法，它将问题原因的探索触达深层次，且有所侧重，不断地提问为什么前一个事件会发生，直到问题的根源归结为人的行为或一个新的故障模式被发现，才停止分析。这种方法看似简单，其实背后是事物发生的严密的因果链。只有找到严密的因果逻辑链，才能真正地解决问题。

逻辑树

在分析问题的时候，麦肯锡人经常会用到“逻辑树”，这是一种严谨的推理方法。

无论一棵树的枝叶多么繁茂，只要我们顺着每一根枝条向下去追寻，最终都会追寻到同一个树干上。麦肯锡“逻辑树”的方法，就是根据树的生长方式推理总结出来的。

影响事情发展的因素有很多，它们就像是大树繁茂浓密的枝叶，将问题的根本原因遮住。当我们先对问题本身进行界定，然后将问题的结构罗列出来，再剔除对问题影响不大的因素，最后留下来的就是对问题影响最大的因素，也就是树的主要枝干了。这样一来，就能够清晰地掌握问题的关键点，并找出最适合的解决策略。

为什么逻辑树有利于解决问题?

麦肯锡公司认为，逻辑树之所以有利于解决问题，在于它能够清晰可视地呈现问题，让所有人都能够理解问题的不同组成部分；应用得当的话，可以将所有相关内容都体现在逻辑树中；能够产生明确的假设，利用数据和分析进行测试。

麦肯锡人在实践中常用的逻辑树主要有三种类型：议题树、假设树、是否树。这三种逻辑树的结构是相似的，但有不同的使用前提，合理运用的话，对分析问题、解决问题大有益处。

逻辑树类型1：议题树

议题树的主要形式是，先提出一个问题，再将这一问题细分为多个与其有内在逻辑联系的副议题。当对问题不太了解，或是需要对问题进行全面的分解，确保不遗漏任何一方面时，比较适合采用议题树来进行分析和细化。

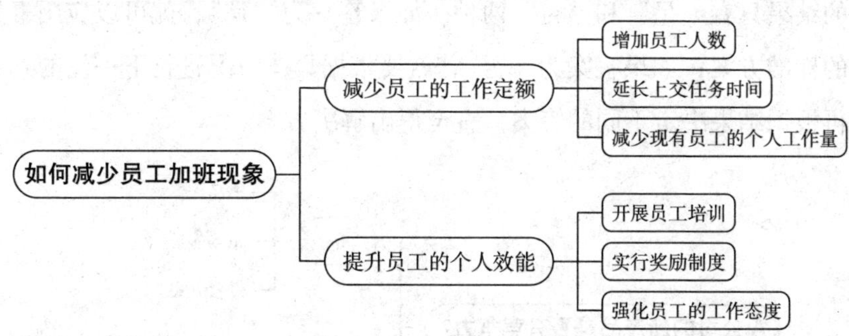

逻辑树类型2：假设树

假设树的主要形式是，先假设一种解决方案，然后利用已有的论据对该方案进行验证。在使用假设树时，最重要的一点是，提出的假设必须合理，且手中的论据必须能够对假设进行证明。通常来说，假设树的目的就是验证这一假设是正确的。

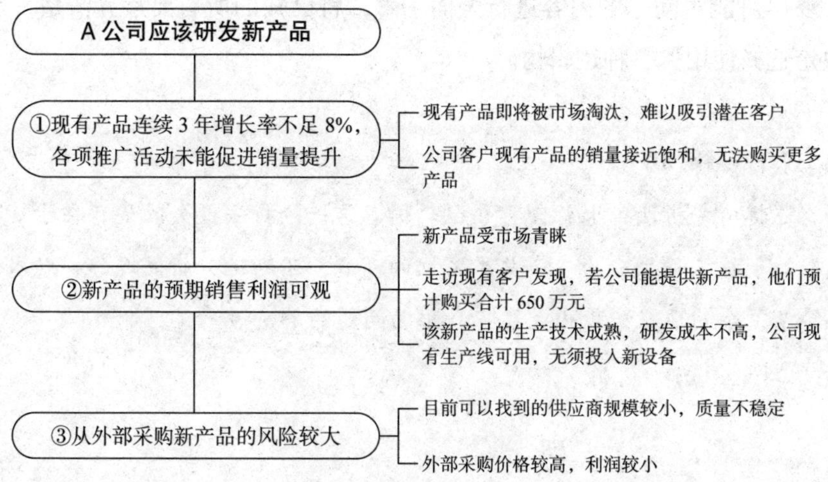

关于“A公司应该研发新产品”的假设，只要对3个层级的7个论点逐一进行验证，便能够证明这一假设是否合理。这种处理方式比议题树要快，适用于对情况有足够的了解，可以提出合理假设的情境。

逻辑树类型3：是否树

是否树的主要形式是，先提出一个问题，之后对这一问题进行判断分析，分析的结果只有“是”和“否”两种。如果答案为“是”，就可以应用事先准备好的标准方案；如果答案为“否”，就要根据具体情况进行下一轮的判断分析，再根据结果决定不同的答案，直至得出解决方案。

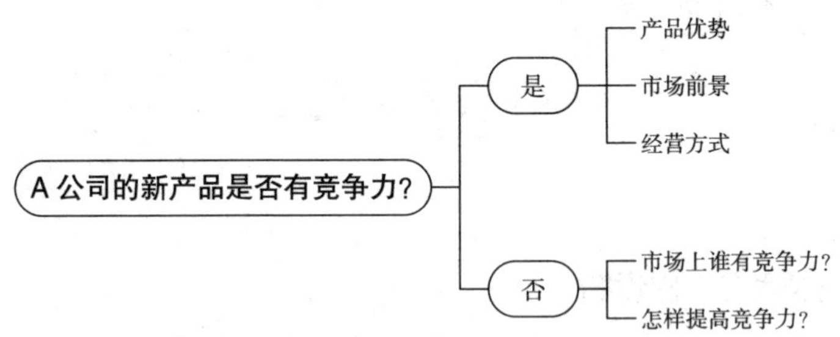

是否树的特点是简单明了，在判定的过程中只需根据标准去衡量得到的结果是否符合即可。这一形式适用于对问题及其结构有足够了解的情境。

每一种逻辑树都有其适用的情境、适合的问题，所以，在应用逻辑树之前，要尽可能对问题的内容进行全面了解，将已知的所有要素弄清楚，然后再决定选择使用哪一种逻辑树。

【麦肯锡解题】

逻辑树分析法，也称麦肯锡逻辑树。这一分析法最大的优势在于，将复杂的数据工作细分为多个关系密切的部分，不断地分析问题，帮助人们在纷繁复杂的现象中找出关键点，推动问题的解决。

SCQA架构

芭芭拉·明托是哈佛商学院历史上的第一批女学员之一，也是麦肯锡有史以来的第一位女咨询顾问。就职于麦肯锡的十年间，明托逐渐摸索出许多解决问题的规律，其中以“金字塔原理”最为著名，这也是麦肯锡至今仍然在使用的主要分析框架之一。

明托认为：对事情本身而言，最重要的是结果，因而对于事情的思考应当以结果为导向，进行结构化、分层次的整理。最初，明托将金字塔原理运用在写作领域，她发现这一原理有助于写出结构严谨、条理清晰的文章，之后这一理论逐渐被运用到其他领域。

金字塔原理是一种逻辑思考方式，其中的核心部分以SCQA架构最为关键。

什么是SCQA架构？

SCQA是搭建问题解决方案的整体框架，是以下四个英文单词的缩写：

○ S（Situation），情景——分析问题时，要将问题带入大家熟悉的场景，以便于理解。

○ C（Complication），冲突——情景中存在的一个或多个矛盾冲突，且它们必须或最好由后面的A（Answer）来解决。

○ Q（Question），问题——从上述的矛盾冲突中引出课题，即该如何解决。

○ A（Answer），答案——提供可行的、有说服力的解决方案。

这些英文单词和解析，可能并不能让我们直观地了解SCQA架构，可如果看了下面的这则广告，你就会意识到SCQA的吸引力了。

【情景S】——头发老出油，还有头皮屑，哎！

【冲突C】——肩膀上总是白白的一大片，人也变得不自信了！

【疑问Q】——谁能帮我摆脱尴尬？

【答案A】——不用担心，××帮你解决！

是不是很清晰，也很容易理解？没错，SCQA就是这样一套思考模式，通过场景导入的形式，带出冲突与疑问，通过逻辑化的说明呈现出核心问题，并提供可行的解决方案。无论遇到什么样的问题或状况，都可以运用SCQA勾勒出问题的全貌，并直指本质性的方案。

SCQA架构的四种模式

在SCQA架构中，【冲突C】是核心要素，围绕这个核心要素，可以灵活调整S、C、Q、A的顺序，从而呈现不同的点，产生不同的效果，【疑问Q】通常可以省略。

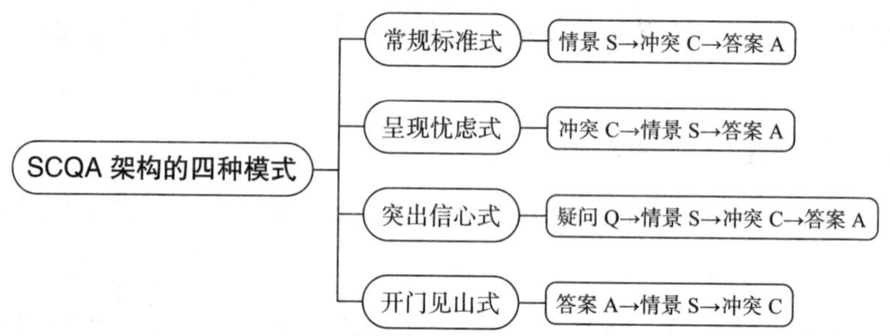

SCQA架构的适用范围很广，写作、演讲、广告以及探讨解决方案都适用，遇到某些问题需要自我反思时，也可以借鉴这一模式。我们来举一个贴合现实的应用案例：

【情景S】：每天刷手机的时间太长。

【冲突C】：工作效率低下，精神状态不佳。

【疑问Q】：刷手机消耗了大量的时间和精力，我要怎么改变？

【答案A】：把休闲娱乐的APP放置在一个文件夹里，设置中午12:00—13:00、晚上7:00—8:00为集中查看的时间，其他时间有意识地提醒自己不要打开这一文件夹，把时间精力用在更有价值的事情上。

总而言之，SCQA架构是一种以结果为导向的分析策略，其实质是富有逻辑的思维方式。运用这种方法，能够为整个问题的解决提供一条清晰又简便的逻辑主线，剔除无用的信息，节省分析问题的时间和精力，帮助我们准确地对问题进行定位。

【麦肯锡解题】

如果是简单易懂的事情，可先提出问题并给出答案，然后描述情景和冲突，以保证内容的短小精悍。对于较复杂的事情，则可以先引出冲突，然后描述情景和问题，接下来才是答案。经过这样层层递进的思考，你会更清楚地认识到自己面对的是什么，以及如何达到目的。

MECE法则

去年，公司来了一位细心且好学的媒体运营编辑，他平时看到有用的内容就会保存下来，并标记好来源。在给公司撰写推广文案时，他经常会打开资料库翻一翻，来寻找灵感或思路。可是时间久了，所有资料全部集中在一个大文本里，没有分类、没有标签，整体呈现出一种杂乱无章的状态，导致每次找资料的时候都很烦琐，要花费不少时间，还不如直接在网络上找寻相应主题的书籍或文章方便。

对于自己之前所做的事，这位认真的年轻人产生了质疑，他问我：记笔记是不是一件劳而无功的事？我觉得，记笔记是积累素材的重要方法，但要发挥出它的价值，还需要掌握方法，对所有资料进行有序的管理，如分为不同主题的文件——管理、思维、心理、习惯等，以便需要的时候快速精准地找到相关内容，提高做事效率，减少不必要的时间浪费。

借由这个机会，我推荐他了解一下麦肯锡的工作方法。任何一个新人在加入麦肯锡团队时，都会被要求学习并掌握MECE分析法，并要不断地在实践中应用，从而将其完完全全地植入脑海。

什么是MECE原则？

MECE的全称是Mutually Exclusive Collectively Exhaustive，意思是“相互

独立、完全穷尽”，即所谓的“无重复、无遗漏”。这是芭芭拉·明托在《金字塔原理》一书中提出的重要原则，要求将某个整体划分为不同的部分时，必须保证划分后的各部分符合两点要求，即“各部分之间相互独立”“所有部分完全穷尽”。

MECE原则在分析解决问题，或是对复杂事物进行分门别类时，凸显着特别的优势。只有做到不重复、不遗漏，我们思考问题才能更系统、更全面。

MECE分类的五种方式

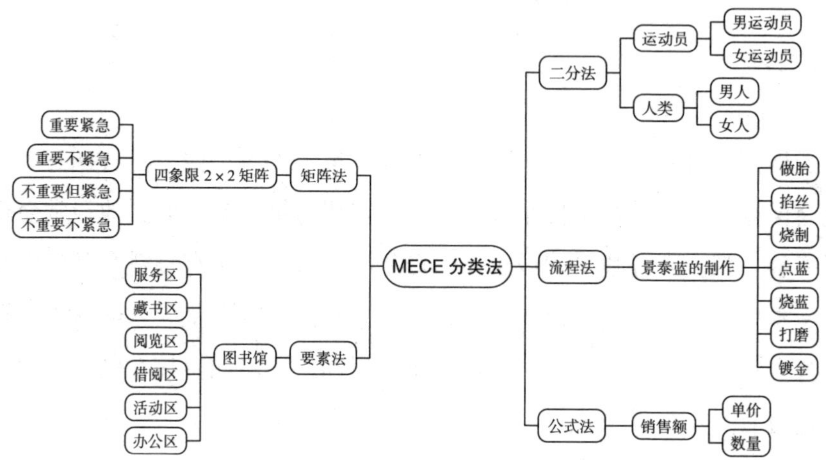

运用MECE原则分类的四个步骤

Step1：确定问题的范围

使用MECE原则时，先要识别当下所遇到的问题是什么，以及想要达到什么样的目的。这个范围决定了问题的边界，避免漫无目的，让逻辑变得混乱。

Step2：寻找合适的切入点

好的分类是从寻找切入点开始的，就是确定你准备按照什么原则进行分类，或者说划分的标准是什么。比如，是按时间先后分，还是按事情的大小分？是按内容的重要性分，还是事情的紧迫度分？如果实在找不出分类的切入点，可以试试最简单的二分法。

Step3：整个结构最好控制在三个层级之内

找出大的分类后，可以继续用MECE进行细分。比如：男性和女性，还可以按年龄、职业、收入、居住区域等要素进一步细分。但是，分类过细将带来结构级别的增多，级数越多，检索和浏览的效率就会越低。所以，整个结构最好控制在三个层级之内。

Step4：检视是否有重复或遗漏

MECE原则最大的优势就是，可以让思考更结构化，不重复，不遗漏。分完类之后必须好好地检视，查看是否有明显的重复或遗漏。

通过上述四个步骤，面对再烦琐的问题、再庞杂的资料，都能够建立起逻辑框架，继而将问题拆解开来，并最终解决。MECE在概念上并不算难，但需要在日常工作和生活中不断进行专门练习，才能实现灵活地运用。

【麦肯锡解题】

在运用MECE原则时，要始终记住分类拆解的目的是什么，不能为了拆解而拆解；对同一事物，可以从不同的维度去分类拆解，但要保证同一层级在类别或属性上保持一致。

3C分析法

假设有一家日本汽车制造商，为了节省成本，决定采取“取消热销车型国内生产线，全面转向亚洲新兴国家生产”的战略。选择做这样的决策，是因为该制造商认为，竞争车型是在日本国内生产的，热销车型在亚洲新兴国家生产的成本优势巨大，对客户来说它是省油小型车的首选，所以就算不在国内生产，销售也不会出现太大的变动。

结果真的和制造商预想的一样吗？很遗憾，结果是原本热销的车型直接跌出了销量前十名。在客户看来，亚洲新兴国家生产的产品在质量上不如国产车，所以这家公司的畅销车型被国产的竞争车型夺走了市场。

这只是一个案例，但它提醒我们：在制定任何经营战略时，都不能将目光局限于公司自身，还要探讨客户与竞争对手的意识和行动，再决定自己公司的定位与行动。这也是麦肯锡公司极力推崇的一种商业分析模型，简称“3C分析法”。

什么是“3C分析法”？

“3C分析法”是麦肯锡咨询顾问、日本战略管理大师大前研一提出的，他强调制定任何战略都必须要从公司（Corporation）、顾客（Customer）和竞争对手（Competitor）三个角度进行思考。只有将公司、顾客与竞争者整合在同一个战略内，可持续的竞争优势才有存在的可能。

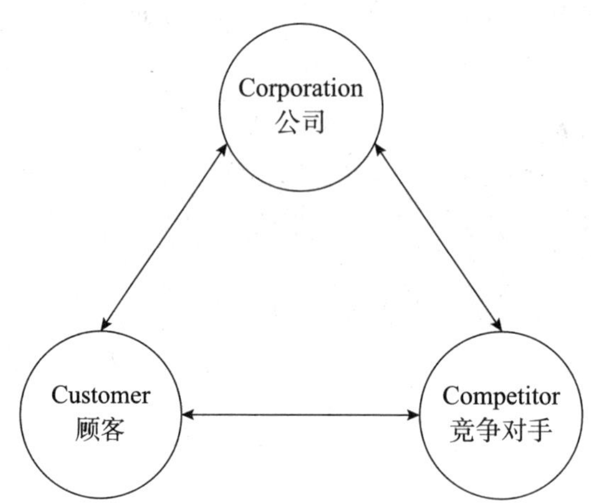

在对上述三个要素进行讲解之前，需要说明一点：这三个要素之间并不是相互独立的，而是相互联系的，关系如同三个相交的圆，既有独立之处，也有重叠之处，重叠之处意味着相关性与相似性。三要素中最重要的是顾客，企业所做的一切都是围绕着顾客进行的，说是“顾客创造了公司”也不为过。合理的、正确的顾客细分，能够促使战略达成、降低成本。

顾客：在制定战略时，要通过系统地调查分析，挖掘目标顾客的需求和喜好，并通过实时调整策略和手段，迅速建立顾客认可度和信任度。

竞争对手：俗话说“知己知彼，百战不殆”，在了解自身和顾客的具体情况的同时，还要及时、深入、清晰地了解竞争对手的情况，并对应改进和优化自身。

公司：客观分析自身所具有的优劣势，并及时做出相应的调整，增强优势的张力，避免劣势的扩大化，保证自身的活力和竞争力。

“3C”理论的应用实例

顾先生是一位电影导演，在圈内小有名气。去年，他遇到了一些困惑，于是向身边做管理咨询的朋友乔求助——“我们的国产电影该如何发展？”其实，针对这一问题，顾先生已经想了很多，只是内心还有许多不确定。乔从事多年咨询工作，但对电影行业并不太了解，但他借用麦肯锡的“3C分析法”，向顾先生提供了一个战略分析框架。

在“3C分析法”的引领之下，顾先生迅速地作出了一番有价值的分析。

从竞争对手来看——当前美国好莱坞电影占据了国际电影市场的主导地位，如《复仇者联盟》《敢死队》《速度与激情》等，既有口碑又有票房成绩，我们要思考他们是如何赢得市场的。可能原因如下：

○ 美国好莱坞拥有完善的电影工业产业链；
○ 美国好莱坞实现了世界范围内的文化营销；
○ 拥有更先进的电影艺术和技术；
……

从用户的角度来看——好莱坞大片优势很多，但消费者只喜欢好莱坞大片吗？当然不是。据顾先生了解，大家是什么片子口碑好就看什么片子。比如，印度的《摔跤吧！爸爸》、日本的《小偷家族》，以及中国的《战狼》《我不是药神》等很多电影都有不错的口碑和票房。

在分析了这两方面的因素之后，乔给出建议：“从国产电影或者公司的角度来看，相对于竞争对手来说，你认为还有哪些不足的地方？如何进行弥补？另外，我们能否发挥出自身的一些独特优势？比如，融入深厚的文化内涵，特有的东方艺术，《霸王别姬》《大圣归来》《芳华》都是很好的例子……”

麦肯锡3C框架看起来十分简单，就是从自身、顾客和竞争对手三个角度进行分析，但实践起来却并不容易，经常会顾此失彼。如：只想着自己能提供什么产品，不管用户需不需要；关注了用户，为用户提供了好产品，却忽略了竞争对手；只看竞争对手在干什么，不考虑自身情况就盲目跟风。这些都是不可取的。

【麦肯锡解题】

在制定任何经营战略时，都必须考虑公司、顾客与竞争对手这三个因素。只有将公司、顾客与竞争对手整合在同一个战略内，可持续的竞争优势才有存在的可能。

“空·雨·伞”思考法

麦肯锡人在解决问题时保持着一个习惯，即利用系统框架化，然后再进行数据收集与分析，杜绝徒劳无功的思考。框架化是麦肯锡逻辑思考的精髓所在，用他们内部的话来说：“没有结构框架，观点是站不住脚的。”

在所有麦肯锡式思考的框架工具中，“空·雨·伞”是每一位咨询顾问都必须掌握的思考方法，也是麦肯锡人极为推崇的一种至简至极的思考方法。

什么是“空·雨·伞”？

○ 空，指的是事实，即如今处于怎样的状况。

○ 雨，指的是对“空”所作的解释，即这样的现状意味着什么。

○ 伞，指的是了解事实与解释之后应当采取的必要措施，也就是“解决办法”。

"空·雨·伞"通俗理解，就是"天空出现云雨，很可能会下雨，应当携带雨伞"。这是一种以现状和意义为立足点，制定解决方案与对策的思考方式。

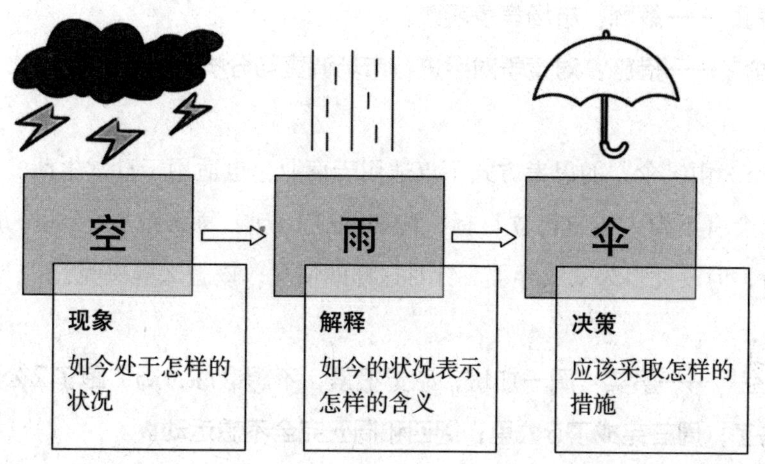

由此可见，"空·雨·伞"的操作步骤是：现在的情况是什么样？它会导致什么样的结果？我们需要怎样做？这一过程将信息按照现象、本质、方法的顺序进行了关联，帮助我们从获得信息之时起，就开始加工推进直到产出方案结果。

"空·雨·伞"的应用实例

赵先生是一家公司的销售总监，最近他特别苦恼，因为公司的爆款产品A上个月的销售额下降了50%，老板大发雷霆，要求他立刻想办法扭转局面。

赵先生连忙召开部门会议，对产品A展开调查，结果发现：产品A的质量很稳定，没有客户投诉，且产能充足，并未出现供应短缺的现象；有关产品A的市场推广促销活动一直持续未停。照此看来，每一个环节都是正常的，问题究竟出在哪儿呢？

经过综合分析，赵先生推测：产品A的销量下降，可能与竞争对手有关，比如对方加大了促销力度、推出了新品等。于是，赵先生决定，对竞争对手进行一次快速的调查与分析，以便找到原因，采取相应的对策。

在这个案例中，赵先生采用的就是“空·雨·伞”的思考框架：

“空”——事实：产品A销量下降。
“雨”——解释：市场竞争所致。
“伞”——措施：对竞争对手进行市场调查与分析。

“空·雨·伞”的思考方式不仅适用于商业，也适用于日常生活。每年年初，都会有不少人给自己立目标，比如减肥10斤、每天跑步5公里，起初还能坚持，但没过多久就放弃了。针对这样的情况，该怎么解决呢?

“空”——事实：周一加班，感觉很累，不想锻炼；周二跑了2公里，跑不下去了；周三完成了5公里；周四和周五完全不想运动。

“雨”——解释：周一没有协调好时间导致加班；体能不足，很难完成5公里，没有根据自身的实际情况来进行运动。

“伞”——措施：调整运动方式，每天早起和下班各走2站地，把运动融入生活中；周末无须上班时，完成跑步3公里的计划。

对于想当然地认为自己懒，或是把原因归咎于没时间的人，不如用“空·雨·伞”的方式来思考问题，这样才能接近事实和真相，从而找到真正有效的解决办法。

【麦肯锡解题】

使用“空·雨·伞”的思考方法时，最重要的一点在于整体的节奏，在下雨之前作出可能会下雨的判断，并且带伞出门，才能够避免被淋湿。如果没能及时找出“应该带伞出门”的解决办法，等到下雨后才想起找伞，要么会被淋湿，要么就赶紧找个地方避雨。

头脑风暴

几年前，笔者认识了一位咨询公司的老板。当时，他的公司刚刚组建，下设三个部门：管理咨询部、管理传播部和培训部，分别负责为客户提供管理咨询服务、出版一些企业管理方面的书刊、为客户提供企业内训服务。他希望这三个部门能把自己的一些资源运用到项目中，争取多实现一些盈利。

在最初的一年里，这个办法是可行的。可渐渐地，随着老资源的枯竭，这三个部门开始纷纷寻找自己的市场。鉴于这种情况，公司又成立了一个市场部，专门负责市场开发。可是，业务人员发现，他们开发的每一个企业客户都有可能成为这三个部门的潜在客户，管理咨询部能为它做咨询项目，培训部门可以为它做企业内训，管理传播部可以为它做出版服务。这样一来，三个部门整天围着市场部转，把业务人员忙得团团转，市场开发进展却很缓慢。在这种状况下，员工变得越来越懈怠，有些人才也因此流失了。

原本是一家能够提供全面服务的管理咨询公司，就这样走向衰败了。公司老板几经反思，最终找到了失败的原因：只重分工，不重合作。公司在建立之初就应当设立市场部，专门开发新市场，因为仅靠老资源是远远不够的；当初下设的三个部门，应当共享资源、加强合作，为同一个客户提供全面服务。

现代社会不是单枪匹马的时代，小的成功可以靠个人，大的成功一定要靠团队。毕竟，一个人的能力再强，他的力量也是有限的。如果把各种有效的力量聚集在一起，取长补短，就有可能创造出奇迹，并为每个人带来更多的机会。换句话说，公司需要的是一个强大的团队，绝不是一个个优秀而自私的个人。

麦肯锡公司的每一件事都是以团队的方式来进行的，从一线的客户项目工作到公司的决策制定都是如此。这样做的好处是，可以有效调动整个团队所拥有的能力、智慧等资源，获得“1+1＞2”的效果。

我们都知道，一个人的智慧和力量是有限的，而且一个人思考很容易陷入思维定式。如果能听听别人的意见，也许就会产生新的联想，跳出僵化的思维怪圈。正因为此，麦肯锡公司提出了“头脑风暴法”，为的就是让成员在自由的氛围中畅所欲言，交换彼此的想法和点子，激发参与者的创意和灵感，产生新思维与新方法。

麦肯锡的“头脑风暴”

“头脑风暴”是麦肯锡公司进行战略咨询的一个关键步骤，也是用来解决日常商业问题的重要方式，充分体现了团队协作、集思广益的力量。“头脑风暴”的具体实施过程如下：

○ Step1：确认主题

“头脑风暴”要有明确具体的目标，即你想讨论的主题是什么，目的是什么。主题不宜过大或过小，也不宜限制性太强，确保每个与会者都能够理解。

○ Step2：征询想法

在集体讨论问题的过程中，每提出一个新的观念都有可能引发他人的联想。为此，要创造一种自由活跃的气氛，鼓励所有与会者各抒己见，激发人们提出各种想法。

○ Step3：记录想法

记录与会者的想法，不论好坏，不论大小，甚至是幼稚的、荒诞的想法，都要认真完整地记录下来。即使与会者提出的想法明显是错误的，也不得批评或评判。

○ Step4：总结筛选

不是所有想法都能保留最后，再次审视想法记录表，合并类似的想法，及时归纳总结，然后引导讨论的方向，不要偏题。在如此循环下，以便形成最佳的创意。

通常来说，参会的人数为10~15人，时间不超过1小时，以半小时为最佳。为了避免成员疲劳讨论，需适当控制讨论节奏。

【麦肯锡解题】

一个人的智慧是有限的，只有集体的智慧才是无穷无尽的。众人智慧的碰撞犹如催化剂，能够引发大脑思维的连锁反应，甚至还会催生出一项项成功的发明与创造。

或许，单看树的每个枝条是相互独立的，
回到根部，源头就是“一”

第四章

麦肯锡这样打造卓越团队

大家事，大家知，大家行

职场上判定一个人工作能力的强弱，不是看他的学历和经验，而是看他做事的方法。

有些人很聪明，但不一定会成功，比如他总是自视清高，认为没什么问题是自己不能解决的，一旦离开自己任何事情都会搞砸。所以，他们事事亲力亲为，不相信别人，结果不是把自己累得一塌糊涂，就是陷入了事倍功半的牢笼中。

相反，有些人缺点明显，个人能力不是那么强，却非常有智慧。他们懂得重视自己的重要性，但更懂得汲取百家之长，融入外界的力量，集思广益、叠加能量，让解决问题变得简单而轻松。

其实，面对生活和工作，当自己无法独立完成一件事、解决一个问题的时候，强迫着自己继续坚持，只会适得其反。

寒冬腊月，一个卖包子的和一个卖被子的同到一座破庙里躲避风雪。天很晚了，卖包子的很冷，卖被子的很饿，但他们都相信对方会有求于自己，所以谁也不肯先开口。就这样，卖包子的一个接一个地吃包子，卖被子的一条接一条地往身上盖被子，谁也不愿意向对方求救。最后，卖包子的冻死了，卖被子的饿死了。

这样的情形在我们的生活中并不少见。个人的力量对自然、对社会来说，都是渺小的，所以我们才要强调协作。力所不能及的时候，调动外界的一些力量，不失为一个好的办法。有时，可能他人不经意间提出的一个点子，就会拓宽我们的思路；他人的举手之劳，就能给我们减轻不少压力和负担。

比尔·盖茨说："一个善于借助他人力量的企业家，应该说是一个聪明的企业家。在办事的过程中善于借助他人力量的人，也是一个聪明的人。"中国台湾巨富陈永泰也说过："聪明人都是通过别人的力量，去达成自己的目标。"

人生的成功离不开他人的协助，人与人之间的交往和互助就是成就事业和幸福生活的基石。成功者都善于借力、借势去营造一种氛围，从而攻克一件件难事。在这个提倡协作的时代，单枪匹马的做事方法俨然已经不适应时代的需求了，我们要善于把不同人身上不同的优点集合在一起，以求事半功倍的效果。

赵某是某单位的HR主管，他在工作中遇见了一桩棘手的事。

单位的一位员工在出差的时候手臂骨折，这样的事情以前没有发生过，单位要如何处理这件事，是否该赔付，赔付多少，都没有可参考的例子。可这件事在处理上又不能马虎，毕竟牵扯到员工的利益，老板还是希望他尽快处理，担心拖下去会被员工认为不够重视或想逃避责任。

要妥善处理这件事，必须兼顾组织和员工的利益，对内对外都不能留下隐患。一时间，赵某不知所措，琢磨了半天的时间，他还是觉得要寻求外援。他给同样做人力资源管理的朋友打电话，这些朋友给他提供了至少10条有效的信息，依据这些信息，他很快就列出了一些解决方案，还写了部门处理类似事情的流程上报，老板对他的工作非常满意。

赵某觉得能圆满处理好这件事情，主要还是得益于同行的帮助。之前，他经常参加一些人力资源方面的活动，认识了不少的同行，虽然大家没有时间经常见面，可沟通还是很多的，逐渐就形成了一个关系网。有谁遇到什么不懂的问题，大家都会积极地提供帮助，毕竟都是专业的人士，方法也都比较有针对性。

作为专业的咨询公司，麦肯锡接手的问题要么极其复杂，要么涉及面非常宽泛，这也决定了一个人不可能解决所有的问题——至少相对于麦肯锡公司的最高标准而言是如此。所以，尽管麦肯锡公司里的精英甚多，但他们也都牢记着一句话："不要妄想一个人煮沸整个海洋！"

个人的力量对自然、对社会来说，都是渺小的，所以我们才需要强调协作。力所不能及的时候，调动外界的一些力量，不失为一个好的办法。有时，可能他人不经意间提出的一个点子，就会拓宽我们的思路；他人的举手之劳，就能给我们减轻不少压力和负担。

一人事，一人知，一人行，可谓独断专行；二人事，二人知，二人行，可谓合作无间；大家事，大家知，大家行，可谓众志成城。人都不是完美的，不能独自解决所有问题，总有一些工作是我们不擅长的，或是根本没有接触过的。面对“做不来”的事，就不要执意独自去完成，可以将其分给那些有专业技能优势的人，这样反而更节省时间，也能把工作做好。况且，人的精力有限，不可能长时间保持高强度的工作。如果总想一个人把所有的事情都搞定，不但不会成功，还会导致自己在重要事情上因投入的时间和精力不足而产生拖延。

【麦肯锡解题】

在完成任务、追逐目标的时候，学会借力是很必要的，任何人都不可避免地需要别人的帮助，这无关自尊，没必要因面子而把自己置于忙而低效的处境中。

兵贵精不贵多

陆丰是一个很有想法的人，不少企业向他抛来橄榄枝，但他最终还是选择自己创办一家广告公司。公司经营得很不错，仅用了三年的时间，就在业内小有名气。尝到了“甜头”的陆丰，热情不断高涨，也开始融资，扩大公司规模。

看似公司发展势头向上，但从2016年开始，陆丰的公司前后有5位高管离职，且都是公司的元老。陆丰知道，公司的核心高管集中离职是一个危险的信号，事实也证明，公司开始走下坡路，但他想不明白，为什么会出现这样的状况。

为了弄清楚问题的原因，陆丰找到一家咨询公司。通过调查分析，咨询公司发现：陆丰的公司规模在扩大，团队人手在增加，而他对于人才的驾驭能力并没有同步得到提升，甚至“不认识”自己手下的员工。整个公司内部缺乏必要的沟通和交流，单个成员之间出现互相推卸责任、过于看重部门个体利益的现象，整个团队的效率越来越糟糕。

咨询顾问利用下面的公式，向陆丰呈现“团队成员间的连接关系是如何增加的”：

Connection Points（连接点）=N（N-1）/2

○ 一个6人的团队拥有15个连结点需要维护；

○ 一个10人的团队将拥有45个连结点；

○ 一个60人的中型团队拥有1770个连结点；

……

很显然，随着团队规模的不断扩大，成员间的工作联结点也会随之增多。当人数超过了某一限制，工作协调难度就会增加并出现相互干扰，导致成员工作时无法尽全力或力量互相抵消，从而导致合力作用无法实现。

一直以来，多数人都存在一个惯性认知——“众人拾柴火焰高”，认为在团队协作中，参与的人数越多，团队力量就越大。可事实上情况并非如此。如果有过实战经验，你往往会发现，将项目交给大型团队来做会出现很多问题，比如：成员之间无法深入沟通，出现扯皮、推诿等情况；当个体效率下降时，整个项目的进度就会变慢甚至停滞。

企业成长谋求的是进步，而不是庞大的规模。麦肯锡公司的资深合伙人罗伯·洛威茨说过：“好的工作团队的人数都不会太多。如果团队的成员比较多，就会妨碍相互之间的交流和探讨，而且也很难形成团队的信赖感和凝聚力。”

看到这里，可能会有不少人想问：到底多少人的团队规模最合适呢？

麦肯锡公司认为，一个团队合适的人数应该在6人左右，也就是刚好可以分吃一张披萨饼的人数。一旦发现一张披萨不够吃的时候，那么这个团队规模就偏大了，就该调整了。

除了人数上的限制，还有一些因素也影响着团队的质量，比如：团队要拥有共同且有意义的目标，确定团队共同奋斗的方向；团队讲究资源互补而杜绝资源重叠，只有资源互补的时候才是成本最低的时候，否则即使实现了团队目标，由于成本过高效益也会变低，所以团队成员的每一项技能要具有互补性；另外，团队成员在工作方法上要达成共识，且每个人都要承担相应的责任。

【麦肯锡解题】

在麦肯锡，你绝不会独自上路——至少你不会独自工作。公司的每一件事情都是以团队的方式来进行的，从一线的客户项目工作到公司的决策制定都是如此。

选拔团队成员的合理思路

1926年，詹姆斯·麦肯锡在美国创立了麦肯锡。经过近百年的发展，麦肯锡已经在全球40多个国家和地区开设了80多家分公司，目前拥有9000多名咨询顾问。麦肯锡之所以能够成为享誉世界的管理咨询公司，与它拥有一支全球范围的、精干的人才队伍密不可分。

麦肯锡的一位合伙人曾经这样说道："对麦肯锡来说，人才是唯一的，也是最重要的资产。"麦肯锡在选拔人才时，除了要求应聘者有一定的专业技能之外，还非常注重员工的分析与解决问题的能力、沟通能力、领导力以及团队精神。在每一轮的面试中，麦肯锡都会挑选很多案例对应聘者进行考察。

其实，无论是麦肯锡，还是其他领域的任何企业，想要成功地解决商业问题，都必须谨慎地选择团队成员。一个优秀的团队，不是随随便便地挑选几个人，让他们去解决问题就行了，只有对资源进行合理组合，才能产生最大效益。

团队的英文单词是TEAM，我们可以这样来理解它：团队是拥有共同的目标，在经过特定的培训后，具备一定的能力与高昂的士气，为了目标而努力的一群人：

T——Target：目标

E——Educate：教育培训

A——Ability：能力

M——Moral：士气

选拔团队成员的工作思路

Step1：了解团队的岗位需求

在挑选团队成员之前，先要了解团队的岗位需求，知道需要成员具备什么样的能力、素质、经验等，同时还要注意候选人的工作态度、个人优劣势、心理素质、合作能力、抗压能力等。

Step2：根据问题和客户的差异来选择

在了解上述信息的基础上，再根据问题和客户的差异来选拔合适的成员：如果有些问题需要做大量的分析，那么你就需要选择两三个数据计算方面的强人，而不要去管他们是否会一边工作一边嚼口香糖；如果你正在处理一个大型的组织架构重组项目，期间需要做许多敏感的决定，那么你就需要选择善于人际交往、在实施变革方面颇有经验和影响力的成员。

麦肯锡团队成员的配置过程

麦肯锡将没有项目时的状态称为“在海滩上”，人在闹市中待久了会向往平静的田园生活，而“在海滩上”待久了也会急切地渴望上项目。所以，“在海滩上”等待新项目的成员会被列在一张清单上，标明他们的工作经历、分析能力、客户管理能力等。等新项目开始时，项目经理就会在这张清单上选拔团队成员。当然，项目经理不会只看名单来进行评估，而是会在潜在的团队成员上岗前与之进行深刻地交流，以确保挑选的成员符合团队要求。

【麦肯锡解题】

团队成员决定着一个团队是否能够有所成就，因而不能随意地选择团队成员，一定要选择技能和个性对项目有帮助的人。

士气就是团队战斗力

团队是为了一个共同的目标而组建的，团队成员之间沟通无阻、相互信任、关系融洽，才能产生积极的协同效应，获得1+1＞2的效果。换句话说，团队成员相处融洽，大家感觉舒适和愉悦，整个团队才有凝聚力，才会有优异的表现。

怎样才能增进团队友谊，促进团队个体之间的感情呢？

麦肯锡认为，团队活动必不可少！每次接手新项目，麦肯锡的团队都会组织几次联络感情的活动，如去当地最好的餐厅吃饭、观看演出和比赛。麦肯锡从不吝啬在这方面的投入，曾经有一位项目经理把他的团队带到了数千公里外的海滩去过周末。

在组织团队活动这件事上，不少管理者存在一个疑问：组织多少团队活动比较合适？对此，麦肯锡的一位咨询顾问指出："不需要太多，很少的团队活动就可以起到很大的作用。"

通常来说，麦肯锡的团队每天会在客户驻地工作10~14小时，还要在办公室过一天周末。这些时间对于凝聚一个团队已经足够了，且在外地的项目中，团队成员往往都是共进晚餐的。在这样的情况之下，要是额外再安排时间专门进行团队活动，只会给人带来压力和窒息感。毕竟，每个人都希望有私生活，留出一些时间给自己和家人。要是成员带着勉强的心情去吃大餐，那就失去了组织团队活动的意义。

团队不总是获得成功，也可能会遭遇挫败。当一个项目没能获得好结果时，团队成员的信心会减弱，甚至有人会想到"当逃兵"，怀疑自己是否能够胜任。在这样的情况下，管理者要做的是提升团队士气。

十几年前，笔者在一家互联网公司认识了一位业务主管，他带领的团队有10个人。由于这个团队是新成立的，里面有不少新人，成员之间不是很熟悉。他们每天的工作内容是进行电话销售，通过电话找出对产品有需求的意向客户，来促成订单。

电话业务并不好做，给陌生人打电话遭到拒绝的概率太高了。很多时候，打了几百个电话，可能才有一两个意向客户，这对新人来说是很大的挑战。为了给新人鼓劲，也让成员之间建立支持系统，这位业务主管决定，每天正式工作前带领大家唱一首励志歌曲，然后再邀请团队中有收获的成员分享自己获取意向客户的经验，最后大家分别给予他人一个拥抱，并告诉对方一句励志的话。

每天早上花费半小时来进行这项活动，不仅让新老同事之间变得熟悉了，也让没有获得意向客户的成员在听取同事的成功经验后备受鼓舞。尽管工作的过程没有变得容易，但团队的士气却比之前高涨了，抗压能力也提升了。

保持团队士气的方法

对管理者而言，保持团队士气是一项不可忽视的责任，也是自始至终都要做的事。麦肯锡提出了一些保持团队士气的方法，在此列举出来供大家参考：

○ 保持沟通

与团队成员保持沟通，掌握团队成员的心理动态和工作状态，比如：了解他们对自己现在的工作是否满意，在哪方面存在困惑。如果成员感到不愉快，要立刻采取补救措施。

○ 方向清晰

如果你搞不清楚团队的优先级任务，或是在分析问题时犹豫不定，团队成员就会感到困惑，甚至士气低落。作为管理者，你必须澄清前进的方向，如果需要作出大的调整或改变，也要告之团队成员，并向他们解释原因，让他们参与其中，至少要让他们知道你的思考过程。

○ 呈现价值

每个人都希望自己的工作能够为客户、为企业增加价值，一旦团队成员感觉自己的工作毫无价值和意义，他们就会感到泄气。所以，一定要及时地向他们呈现工作价值，让他们知道自己的努力和辛苦不是白费，是很有意义的。

○ **给予尊重**

尊重团队成员，不仅体现在言行有礼上，更体现在记得他们有工作之外的生活，也有更重要的事要做。也许你喜欢每周工作六天，每天加班到9点，但不意味着团队成员也要这样做。若非不得已，都应尊重团队成员的工作习惯和时间安排。

○ **关心成员**

对于团队成员，不能只晓得他们的工作经验、专业技能，还要了解他们的个人情况，比如：有哪些兴趣爱好，是不是结婚了，有没有小孩。知道这些问题的答案有助于增进对他们的了解，可以在此基础上时而给予一些关心和慰问，与他们适当分享自己的经历，拉近彼此之间的关系，让成员产生一种归属感。要知道，这是一种比带他们出去娱乐、吃大餐更好的增强凝聚力、提升士气的方法。

【麦肯锡解题】

保持团队士气是一项自始至终的责任，如果忽略了这一点，团队的表现就会不佳。作为管理者，你要确保自己了解团队成员的感受。

团队人际管理的四个原则

团队合作成为应对挑战的不二方案。我们在享受团队合作带来的高效的同时，与人的沟通也越来越多，人际关系更加复杂，对我们的人际管理提出了更高的要求。我们想与周围的同事搞好关系，在很多细节方面都需要注意。这些细节数不胜数，大体来说，有四个原则是必须遵从的，这可谓一切行为的准则。

第一个原则：不要用自己的思想去衡量别人的行为

在工作和生活中，我们难免会碰到一些所谓的“奇葩”同事，他们的某些行为令人难以理解。这个时候，我们很容易用自己的想法去猜测别人的行为背后到底有什么用意。实际上，这是非常不明智的。

设计部的中层管理者S，接到了产品部中层Q递过来的一项任务。说是任务，其实只有一张图片，除此之外再无其他。S想了半天，也不明白这到底是什么意思。于是，他特意打电话问Q："什么意思？"

听到这四个字，Q愣了一下，回应道："你什么意思？"

S解释说："你发一张图片过来，有什么要求？"

Q没好气地说："你是做设计的，难道就没有一点自己的思路吗？那要你做什么？"

S瞬间怒火中烧，说话也开始变得难听起来，两个人在电话里大吵了一架。

事后，S还是怒气难消，他心里暗自想："这个人为什么要刁难我？难道是对我有意见？"他越想越不对，越想越觉得对方是个"奇葩"。自那之后，他看到Q就烦，本来应该通力合作的两个人，几乎到了水火不容的地步。

看到这里，你一定也很想知道：事情的真相，到底是怎么回事呢？

很简单，在那位产品部的中层Q的老家，"什么意思"是一句挑衅意味非常浓的话。所以，当他接起电话听到设计部中层S直接问自己"什么意思"的时候，瞬间就不高兴了，因而用词比较尖锐，最终导致了两个人发生口角。

在这件事情中，两人都犯了同一个错误，就是用自己的思想去衡量别人的行为。Q觉得"什么意思"是一句挑衅的话，但他却全然没有想过：也许在别人的文化习惯里，这句话仅仅就是字面意思。S认为，对方对自己出言不逊，一定是有更深层次的原因，但他也没有意识到，其实是自己的某句话触碰到了对方的"逆鳞"，才让一件小事演变成了两个人旷日持久的矛盾。

在与人相处时，要明白，虽然我们经常讲要尽量理解别人，但实际上我们永远不可能完全了解一个人。对方的某些想法、文化背景、过往经历，都和我们有差异，所以不能用自己的思想去猜测别人的行为。与其猜测，倒不如有什么想法直接说出来更好。

在工作中，我们一定要明确“群己权界”，意思就是：不要认为别人的想法和自己差不多，别人的处境和自己差不多，这是非常危险的想法。

比如，我们可能会听到这样的话：“什么？你居然没看过这本书？那么经典你都没看过？”人家就是没有看过，或者想看还没来得及看，这又有什么关系呢？你觉得理所当然的事情，可在别人这里不一定是，你对他说这样的话，除了引起反感，没有其他作用。

第二个原则：理性之外的感性交往也是必要的

一些人为了强调自己的“职业形象”，在工作交往中往往以一种纯粹的理性状态出现——这是你的职责，我不插手；这是我的领域，你别来染指。实际上，这种纯粹的理性，在大部分工作场合中都会显得有点“不合时宜”。

某领导发现，自己的下属办事效率很低，尤其是涉及需要合作的任务，下属之间几乎没有合作的意愿。而随着公司越做越大，需要合作的地方越来越多，效率却也日益低下。领导思前想后，最后找到了问题的根源。

造成这种问题的主要原因是，他的下属们都太“理性”了。在公司创办之初，由于业务比较简单，下属之间的合作比较少，他总是强调“各司其职”“专业的人就应该做专业的事”等价值观。现在，随着业务扩大，需要合作的领域越来越多，但下属们依旧坚持以往的价值观，完全没有意识到合作的重要性。

怎么办呢？领导去请教一位朋友，问道：“我是不是应该制定一些关于合作的制度？强迫下属加强合作。”朋友说道：“没那么麻烦，你在接下来一段时间里多组织一些联谊活动，问题可能就解决了。”

听了朋友的话，这位领导时不时地组织一些跨部门的小活动，小到中午喝杯咖啡，大到晚上吃顿大餐、唱歌，甚至周末两日游。过了一段时间，领导惊讶地发现，公司里的合作氛围变得浓厚起来了。

为什么会出现这样的转变？其实，就是因为同事之间除了理性的交往之外，多了一些感性的接触。我们要明白，工作中“水至清则无鱼”，大家都是有血有肉的人，不能每天以一副面孔对人，在交往中多一些生动的东西，人际关系处理起来会简单很多。

第三个原则：尊重自己的感受

我们时常强调，要有大局意识，讲究高瞻远瞩。这固然没有错，但有些时候，个别人会走极端，过分顾全大局，凡事总往全局想，忘了自己的内心同样也需要得到关注与尊重。

工作和生活中，偶尔是需要委曲求全的，但也一定要记得有限度。如果一个人总是以“受气包”的形象出现，只会助长“歪心思”之人的嚣张气焰，着实委屈了好人，便宜了坏人。而且，如果你在与同事的交往中太过退让，也会影响自己团队的斗志。所以，我们虽不能做“斗鸡”，时时刻刻想挑事儿，但也不能做“鸵鸟”，遇到危险就把头埋进沙子里。

第四个原则：具有自省意识

在与同事的交往过程中，如果有些事情是你不能理解的，那么有可能是因为你被自己的情绪、性格所左右了。这时候，不妨站在一个旁观者的角度，去审视问题。不仅要站在旁观者的角度看对方，也要站在旁观者的角度看自己。认真地想一想：我当时究竟是出于什么想法，才说出了那句话？是一时的冲动，还是心里有一些被压抑许久的潜意识在引导我？

工作中，我们一定要有这种自省的意识，让自己“置身事外”，更好地理解局中人的心态和目的。正所谓，旁观者清。如果没有一个真正的旁观者指点迷津的话，我们不妨让自己去扮演这个旁观者。

以上，就是人际管理的四个原则。掌握了这四个原则，无论遇到什么样的人际障碍，都可以结合其中的内容去反思，找到相应的解决策略。

【麦肯锡解题】

人上一百，形形色色。面对团队各种类型的成员，人际管理既靠技术，也靠艺术。掌握人际管理的原则，也就掌握了团队高效、和谐的密码。各个原则要吃透，真正应用要灵活。

团队成员管理因型而异

每个人都是独一无二的，特别是现在的年轻职场族，普遍都有很强的个性。作为团队的领导者，如果工作思维过于粗放，没有根据不同成员的个性进行精准管理，而是采取简单的“胡萝卜+大棒”模式，很难把整个团队的工作盘活，哪怕这个团队里的个体都是精英。

按照麦肯锡的理论，团队成员可以分成四个类型：模范者、高成本生产者、乘客、减损者，这四类可又细分为八种职场角色。想要带领好团队，领导者必须要明确在每一类团队成员身上投入了多少领导力资本，这样才能够实现人力资源的优化配置，继而提升工作效率。

团队成员类型1：模范者

模范者，顾名思义就是团队中的模范、明星员工。他们有很强的独立工作能力，态度积极，做事认真，质量过硬，效率极高，且遵守公司的规章制度。这类员工无须管理者操心，就能拿出优异的成果。根据入职时间的不同，模范者又可分为两种：领域大师和新秀之星。由于两种角色的情况不同，因而在管理上要有所区别。

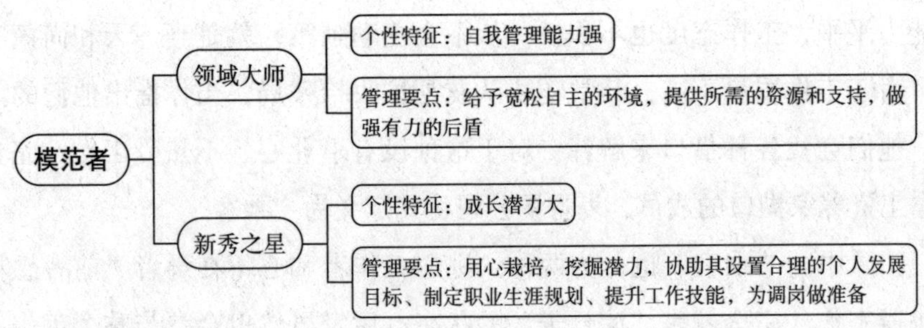

团队成员类型2：高成本生产者

高成本生产者在工作能力、积极性和自我管理方面均不如模范者，但他们也能够达到岗位要求，只是要做出高质量的成果，往往需要花费超出预期的时间和成本。同时，他们在工作过程中还会不时地制造一些麻烦，需要管理者费心费力地去解决。简而言之，团队里少了他们，很难完成任务；有了他们的存在，又得消耗管理者大量的精力。

高成本生产者分为两种：矛盾制造者和事事请示者。前者的工作能力尚可，但行事作风不太受欢迎，总是给团队内部带来矛盾；后者经验丰富、执行力强，但过于依赖指示，事事都要管理者来做决断。对待这两种成员，要根据各自的特质采取不同管理措施。

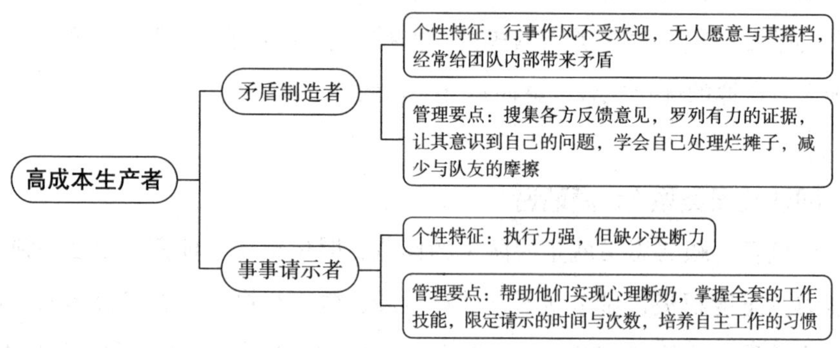

团队成员类型3：乘客

团队中有一些成员，虽不制造麻烦，却也没有拿得出手的工作成果。他们能力平平，工作态度也不积极，从不会主动献策，就是当一天和尚撞一天钟。由于工作质量不高，经常还要队友帮忙收拾残局，当你指出他们的问题时，他们会找各种借口来解释。对于这种没有事业心、不热爱工作、完全为了拿工资养家糊口的成员，麦肯锡公司将其定义为“乘客”。

团队中的“乘客”也分为两种：逃避工作者和心不在焉者。前者想尽办法逃避工作，完全就是“混日子”的状态；后者虽然也会参与整个工作，但是不好好去执行主要任务，而是惦记着做其他的事，脑子里的奇思妙想很多，却未必有可操作性。

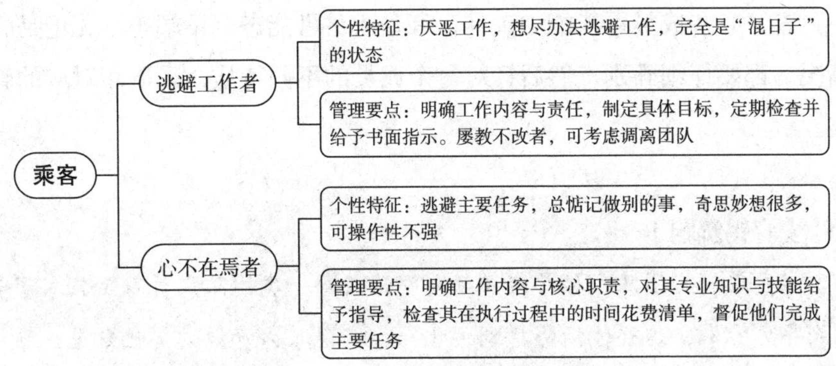

团队成员类型4：减损者

团队里有些成员无法完成自己的工作，但又无法直接解聘，他们的存在直接拉低了团队的工作效率，且给其他成员增加了工作量。这种拖后腿型的成员，被麦肯锡公司称为“减损者”。他们可能是工作态度消极，也可能是工作能力不足，抑或能力与岗位不相符。

减损者有两种类型：人岗不适和懒惰消极。前者不是不想做好，也不是没有能力，而是能力特点与岗位要求不匹配导致效率低下。他们经常会为自己的糟糕表现自责，也试着努力去改变，只是收效甚微。后者是本身有能力，就是单纯的消极懒惰，不想干活。无论是哪一种减损者，都必须要立刻采取措施，减少对团队的负面影响。

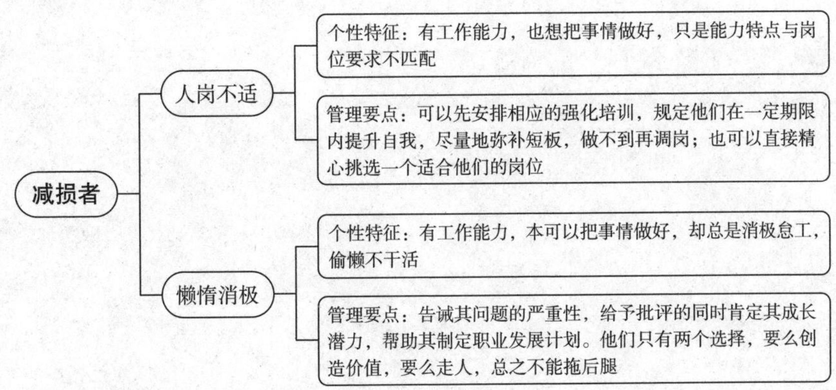

作为管理者，不能指望所有的团队成员都是模范型，有些成员可能是性

格不讨喜，有些成员可能能力欠佳，有些成员可能态度不端正，无论是哪一种情况，都要仔细甄别，然后针对每个成员的不同特质，采取相对应的管理策略。

【麦肯锡解题】

想要带领好团队，领导者必须要明确在每一类团队成员身上投入了多少领导力资本，这样才能够找到优化点，实现人力资源的优化配置，继而提升工作效率。

如果，你就是车头，
你应该跟着谁的尾灯呢？

第五章

麦肯锡高效工作法

没有目标每一步都是错的

拿破仑曾说：“没有目标不可能发生任何事，也不可能采取任何步骤。”

比塞尔是撒哈拉沙漠里的一颗明珠，每年都有数以万计的游客到此参观游览。然而，在肯·莱文到来之前，这里就是一个封闭落后的地方。居住在这片大漠里的人，从来没有离开过这片贫瘠的土地，不是他们不想，而是他们尝试多次都以失败告终。

当地的人告诉肯·莱文，无论朝哪个方向走，最后还是会回到原来的地方。肯·莱文不相信，就亲自做了一次试验，从比塞尔村向北走，结果，只用了三天半就走了出来。

同样的一片荒漠，为什么肯·莱文能走出去，比塞尔人却走不出去呢?

肯·莱文也有点不解。为了弄清楚原因，他雇用了一个比塞尔人带路，想看看究竟发生了什么。他们带了半个月用量的水，牵了两头骆驼，肯·莱文带着指南针等现代设备，拄着一根拐杖跟在后面。

在第十一天的早晨，他们果然又回到了比塞尔村。这次，肯·莱文终于明白了，为什么比塞尔人走不出大漠。因为，他们根本不认识北斗星！在一望无际的沙漠只凭借感觉往前走，会走出许多大小不一的圈，最后的足迹多半像一把卷尺的形状，兜兜转转回到原点。比塞尔村处在沙漠的中间，方圆上千公里没有一个固定的参照物，如果没有指南针，又不认识北斗星，确实很难走出沙漠。

在离开比塞尔时，肯·莱文告诉一位叫阿古特尔的青年，也就是那个跟他合作走沙漠的人：只要你白天休息，晚上朝着北边的那颗星星走，你就能走出沙漠。阿古特尔按照肯·莱文的话去做，三天之后，果然走到了沙漠的边缘。阿古特尔因此成了比塞尔的开拓者，他的铜像被竖立在小城的中央，

铜像的底座上刻着一行字：新生活从选定方向开始。

有目标，才能看清使命，抓住重点，把握现在，让重点从过程转变为结果。麦肯锡精英之所以能够拥有高效能，与他们从一开始就怀有终极目标密不可分。

以目标为导向

以目标为导向，是对即将开展的工作进行设想和安排，如提出任务、指标、完成时间和步骤方法等。这是一个量化的过程，可以理清自己要做的事情，纠正自身的行为偏差，使完成的每一件事都在规划之中，所做的一切都有利于目标的实现，如此有的放矢，自然水到渠成。

目标的重要性不言而喻，但在实际生活中，许多人却并不知道如何设立目标。他们甚至会把内心想要达成的某一心愿当作目标，比如“我想学英语”“我想赚很多钱”。殊不知，这些不能算作目标，因为太过模糊和笼统，目标不够明确，成功的概率就不大！

前美国财务顾问协会的总裁刘易斯·沃克在一次访谈中提道：“如果你希望在山上买一栋小房子，你必须先找到那座山，计算出小房子的价格，并考虑通货膨胀，计算出这房子五年后值多少钱。接下来，你要做决定，为了达成这个目标每个月需要存多少钱。如果你真的这样做了，你可能在不久的将来就会拥有山上的一栋小房子。”

那么，何谓明确的目标呢？在此，我们需要引入一个目标体系的SMART原则。

什么是SMART原则？

○ S（specific）：明确性

明确性，就是要用具体的语言清楚地说明要达成的行为标准。

比如：“增强客户意识”这一目标就比较模糊，因为它包含的内容太多，客户投诉率、服务速度、使用规范礼貌用语、采用规范化流程，都属于客户意识的一部分。“增强客户意识”到底指的是哪一方面呢？不明确就没有办法去评判和衡量。

在设定目标时，可将其修正为：三个月将客户投诉率降低到1.5%；一个月内将前台收银速度提升至2分钟以内。这样的目标就比较明确和具体了。

○ M（measurable）：**衡量性**

衡量性，就是目标必须明确，要有一组明确的数据，作为衡量是否达标的依据。

比如：“为老员工安排进一步的管理培训”，这个“进一步”就是不明确的，也不容易衡量。到底安排什么培训呢？如何衡量培训结果的好坏？

在对这一目标进行修订时，可将其改为：在2个月内完成对所有老员工关于××主题的培训，且在课程结束后，学员评分在85分以上效果好，评分在85分以下为效果不理想。这样一来，目标就变得可衡量了。

○ A（attainable）：**可实现性**

可实现性，就是通过现有的时间规划和执行力，确保可以实现的目标。

如果你让一个只有初中英语水平的人，在一年内达到托福高分的水平，这个就不太现实。这样的目标是没有意义的，如果你让他一年内学会基本的日常用语，这个目标是有可能实现的，能够踮起脚尖够得着的果子，才有意义，才能给人带来动力。

○ R（relevant）：**相关性**

相关性，就是实现此目标与其他目标的关联情况。如果实现了这个目标，但与其他的目标全都不相关，或者相关度很低，那么这个目标就算实现了，也没多大意义。

这一点对设定工作目标很重要，你的目标必须要跟岗位职责相关。比如，你是一个前台人员，提升英语水平直接关系着你的服务质量，这一目标就跟你提升工作水准的目标相关联。如果你去学习程序设计，那就跑题了。

○ T（time bound）：**时限性**

时限性，就是目标设置要有时间限制，拟定完成目标所需的时间，并定期检查进度，及时掌握进展的变化情况，以便及时作出调整。

你准备减重15斤，要设定多久完成这个目标？可以是半年，也可以是一年。这样的话，你心里就清楚每个月要完成减重多少斤的任务，然后，计划好相应的饮食计划和运动计划，每周称量一次体重，月底检验一下是否达标。如果只是告诉自己：我要减重15斤，而没有一个时间限制，那么，很有可能，这15斤脂肪会一直跟随你。

现在，你可以尝试依照SMART原则为自己设立一个真正的目标。

【麦肯锡解题】

做事之前，要清楚地知道自己要到达到什么样的目的；为了达到这样的目的，哪些事情是必须做的，哪些事情是看起来必不可少实则无足轻重的。

事对了，每一步都是在接近终点

管理大师彼得·德鲁克在《有效的管理者》里说过："效率是以正确的方式做事，而效能则是做正确的事。效率和效能不应偏颇，但这并不意味着效率和效能具有同样的重要性。我们当然希望同时提高效率和效能，但在效率和效能无法兼得时，我们首先应着眼于效能，然后再设法提高效率。"

在这段话里，"效率"和"效能""正确地做事"和"做正确的事"，是两组并列的概念。在现实中，我们关注的重点通常是"效率——正确地做事"；可实际上，真正重要的却是"效能——做正确的事"。

正确地做事与做正确的事

"做正确的事"是战略统筹的问题，"正确地做事"是执行层面的问题。如果做的事情是对的，就算执行中有些偏差，结果也不会有大碍；倘若做的事是错误的，就算执行得很完美，结果也是南辕北辙。

正确地做事，无疑能让我们更快地朝着目标前进，而如果做的不是正确的事，那么所有的努力都变得毫无意义。作为麦肯锡全球资深合伙人的洛威茨在《麦肯锡思维》一书中特别强调，效能大于效率；同为麦肯锡资深咨询顾问的奥姆威尔·格林绍也曾指出："正确的道路也许我们还不知道，但一定不要在错误的道路上走远。"这些精英无疑都在提醒我们，做正确的事比正确地做事更重要。

大量研究表明，在工作中，人们总是依据各种准则决定事情的优先次序。一项关于"人们习惯按照怎样的优先次序做事"的调研，结果大致如下：

1.先做喜欢做的事，再做不喜欢做的事。

2.先做熟悉的事，再做不熟悉的事。

3.先做容易做的事，再做难做的事。

4.先做只需花费少量时间即可做好的事，再做需要花费大量时间才能做好的事。

5.先处理资料齐全的事，再处理资料不齐全的事。

6.先做已排定时间的事，再做未经排定时间的事。

7.先做经过筹划的事，再做未经筹划的事。

8.先做别人的事，再做自己的事。

9.先做紧迫的事，再做不紧迫的事。

10.先做有趣的事，再做枯燥的事。

11.先做已发生的事，再做未发生的事。

12.先做易于完成的事或易于告一段落的事，再做难以完成的事或难以告一段落的事。

13.先做自己所尊敬的人或与自己有密切利害关系的人所拜托的事，再做自己所不尊敬的人或与自己没有密切利害关系的人所拜托的事。

上述的这些准则只是多数人的思维习惯，但均不符合高效工作方法的要求。那么，该如何才能够学会像麦肯锡精英一样有重点、有方向、做正确的事呢？

在此，列出几点建议作为参考：

第一，将个人做事的目的与公司发展目标结合起来，站在全局的高度思考问题，避免重复，减少错误的机会。现在，就自身的情况来梳理一些问题：你现在的专职工作是什么？你的目标是什么？有哪些因素会影响目标的实现？有哪些可用的工具和资源？应当做出哪些改变？

第二，确认自己在“做正确的事”。工作是一个解决问题的过程，有时问题和解决办法就摆在眼前，但在行动之前，你必须确认自己正在解决的问题是正确的事。一定要搞清楚，你要处理的是不是真正的问题，方向是不是错了。有时，忙碌起来，我们就会忘记做最重要的、最正确的事。

第三，掌握说“不”的技巧，不要让额外的要求扰乱自己的工作进度。当你犹豫要不要答应他人的要求时，要先问问自己：我想做什么？不想做什么？什么对我来说才是最重要的？如果答应了对方的要求，是否会影响进度？这样做的结果是否会影响到他人？就算答应了，能否真的达到对方的期望？想通了这些问题后，就不难做决定了。

第四，过滤那些不重要的信息。这是一个信息碎片化时代，我们每天都会被大量的信息搞得疲惫不堪，这些信息分散我们的注意力，为“做正确的事”带来干扰。所以，要学会过滤无用信息，把精力集中在重要的信息上。过滤信息时，不是非看不可的信息，那就不要看，这样可过滤50%的干扰信息；如果信息与近期内必须完成的工作有关，那就保留，反之，即可跳过，这样又可过滤25%的信息。

总而言之，只做正确的事，时刻忙在点子上，工作效能必然会得到大幅的提升。

【麦肯锡解题】

“正确地做事”与“做正确的事”貌似相近，实则有本质的不同。要想做好一件事，必须以“正确”为前提，如果这个前提不存在，后面所做的事就会偏离方向，离目标越来越远。

清单思维让工作清晰而高效

“客户只限两天时间，把新项目的设计方案做出来。”

“进修班的影视案例分析作业，周六之前务必上交。”

“团队的绩效考核数据出来了，要整理成月报下周递交。”

“孩子本周有一次手工活动，需要家长协助完成。”

“明天部门有一场会议，你负责人员通知和会议纪要。”

“……”

生活与工作的问题，很少以“单品”存在，往往都是以“套餐”的模式出现。好比上述的这些问题，我们可能是在同一天甚至同一时刻接到的通知。望着这些待办事项，我们已经清晰地知道自己要做什么，可脑子里往往还是一团糨糊。

当然，如果一周内的待办事项只有这些，那还算是幸运的。为什么这样说？因为现实中时时刻刻都充斥着意外，它们不在计划内，却又是不可避免地会袭来。在这样的情境下，生活状态、工作效率将出现明显的分水岭。

有些人是胡子眉毛一把抓，做了两下设计方案，又跑去整理月报；中途想起孩子的手工作业，又开始在网上搜索素材；临近下班的时候，忽然想起还没有通知相关人员参加会议……一整天下来，忙忙碌碌没闲着，可哪件事也没做好，期间还出现了意外状况，比如：重要的参会人员因时间关系，可能无法出席；预先想用的会议室有其他安排，还需要调整。原来的问题还没有解决，又制造出了新的问题，让人头大。

当然，不是所有人都会因多线处理事情而把自己弄得焦头烂额，麦肯锡精英每天的工作量都是满额的，但他们的思路非常清晰，处理问题有条不紊，表现出来的状态也是从容不迫，似乎一切都在掌控之中，即便中间有什么意外事件，好像也提前预留出了时间来处理。

同样是多线处理问题，为什么差别如此之大？原因就是，麦肯锡人具备清单思维，会给自己的工作制订详细的“To–Do List”（待办事项清单）！

清单思维

“To-Do List”不仅仅是一张纸，它是清单思维的呈现方式。所谓清单思维，就是把需要做的每件事以清单的形式整理出来，把原则和关键点写下来，并严格按照清单来推进，把成功的可能性提升到最大。

制作“To-Do List”，不是随随便便地从1到10依次把事情罗列出来，而是要在脑海中对所有的待办事项按照优先级来排序。

制作“To-Do List”的应用实例

现在，我们可以试着将开篇时提到的几个事项，进行一下排序，其结果如下：

1.明天部门有一场会议，负责人员通知和会议纪要。

2.两天的时间，完成新项目的设计方案。

3.进修班的影视案例分析作业，周六之前完成。

4.孩子的手工活动，周内完成。

5.将团队的绩效考核数据整理成月报。

按照这样的次序排下来，是不是会觉得思路清晰了很多？不过，这只是一个大致的清单，接下来还要为每一件事情列清单。接下来，我们以“会议”事件为例，进行示范：

【会前准备】

○ 会议的具体事件、地点、主题、目的。

○ 与会人员名单，通知方式，附会议主题，以供提前思考。

○ 材料准备：桌椅、投影设备、签到表、幻灯片、矿泉水、备用纸和笔。

【会中执行】

○ 会前10分钟，确认人员到达情况。

○ 会议时间节点把控，推进会议正常进行。

○ 会议内容记录。

○ 会议总结，就主题达成某种共识。

【会后工作】

○ 把整理好的会议纪要发给与会人员，确认记录无误。

○ 把会议纪要递交上级，根据会议中达成的共识和分工推进工作完成。

有了上述的这张清单，是不是对会议这件事情感觉已有80%的掌控感了？剩下的几个事项，也可以用相似的清单来处理。

列出所有的清单后，你的第一个感觉会是轻松，因为所有悬而未决以及需要解决的事情，都不再占用我们的大脑，而是被存储到了思考的第二阵地，即“收集系统”。这里不生产内容，只负责搜集和归纳内容。然后，它把内容整理出一个逻辑，指导并管理我们的行动。

有了清单思维，做事会更有条理，同时也能减少焦虑，获得更多的掌控感与安全感，这是非常重要的精神体验。正因为此，麦肯锡人才把清单思维视为一项必备技能，帮助自己梳理记忆、整理逻辑，让思考变得清晰明确，而这也恰恰是我们需要向精英们学习的高效率之“道”。

【麦肯锡解题】

生活中一切有逻辑关系的事物，都可以用清单的方式来呈现，清单甚至可以为我们挖掘和创造逻辑关系。

事分轻重，做有先后

琳娜是一家网站的专栏作者，她习惯每天早上五点钟起来阅读和写作。很多朋友得知后，都纷纷赞叹，说这个作者真是太自律了。其实，琳娜自己并没有这样的感觉，她的解释特别实在：“我找不到更好的时间来做这件事了！阅读和写作是我一天中最重要的事，所以就安排在每天的第一个小时。早上写作有一个好处，那就是读者醒来时，我的新文章已经推送到他们的手机上了。如果每天早早给人带来一个启示，让他们有个好的开始，对于一个作者来说，再幸福不过了。”

琳娜把阅读和写作放在了第一位，自然就有些事情得被安排到后面，比如回复邮件、留言等。琳娜说自己是最差劲的回复者，发送给她的消息或邮件，有时要三四天才能得到回复。在她看来，回复邮件是投资回报最低的事，只能留到空闲的时候去处理。

无独有偶。轻博客平台Tumblr的创始人戴维·卡普（David Karp）曾坦言，他十点钟以前从来不收发e-mail，如果有要紧事，对方会打电话或发短消息。减少收发e-mail的时间，可以完成更多更重要的工作。

无论是普通的撰稿人琳娜，还是轻博客平台的创始人戴维·卡普，他们在做事方面有一个共同的特点，即把最重要的事情放在第一位！事实上，这也是麦肯锡精英们处理事情时的常用方法：当有多重工作任务在身时，他们会借助“四象限法则”，将这些事务按照“重要”和“紧急”的不同程度进行划分，分别填入四个不同的象限之中，采取不同的处理。

什么是四象限法则？

四象限法则是著名管理学家科维提出的一个理论，即把工作按照重要和紧急两个不同的标准划分为四个“象限”：重要且紧急、重要不紧急、紧急但不重要、不紧急且不重要。

○ 第一象限：重要且紧急的事

这类事情是最重要的事，且是眼下就得解决的，比如住院做手术，必须在最短的时间内解决，否则会威胁到生命安危。总之，这类事情是保障生活、实现事业和目标的关键环节，比其他任何一件事都值得优先处理。唯有先把这些事合理高效地解决掉，我们才能安心且顺利地开展其他活动。

○ 第二象限：重要不紧急的事

很多事情在时间上并不是很紧急，却直接关乎着我们的家庭、健康、个人学识、成长进步，比如培养感情、教育子女、健康饮食、规律运动、坚持阅读等。这些事情很重要，但因为并不紧迫，使得很多人无法将其产生的有益结果与现状联系起来，就一直不去做，或是完全不当回事。直到有一天，开始产生不好的后果，才悔不当初。

○ **第三象限：紧急但不重要的事**

这类事情在生活中经常会出现，如你刚准备看一会儿书，朋友就发来了闲聊的消息，互动了几个回合之后，你想继续看书，却怎么也看不进去了。于是，你只能花一些时间来缓冲，才慢慢静下心来继续读书。很多事项被拖延，就是因为受到了这些"紧急但不重要"的琐事的干扰。

○ **第四象限：不紧急且不重要的事**

从字面意思可以看出，这些事情既不重要也不紧急，如看电视、刷视频、玩游戏，做不做两可。对于这些事项，如果确实想做，不妨限定时间，看电视1小时、玩游戏2局，时间到了就停止，避免被其缠住，花费太多时间。

区分紧急但不重要的事与重要且紧急的事

很多人在现实中会把"紧急但不重要的事"（第三象限），误认为是"重要且紧急的事"（第一象限）。要避开这个误区，我们只需要思考一下：这件事对于完成某个重要的目标有没有帮助？比如：朋友约你出门喝茶，这对完成每日的读书目标和工作任务没有任何帮助，且这件事也不在当日的任务清单上，那你就可以把它放在"紧急但不重要的事"（第三象限）之中，告诉朋友空闲时再约。

通常来说，"重要且紧急的事"（第一象限），不会花费太长时间，如回复一个重要的电话，发一个重要的通知。真正耗费时间和精力的，是那些"重要但不紧急的事"（第二象限），它们通常是一个长期的规划，一项长远的目标。如果我们不重视这些事，一拖再拖，它们极有可能会上升为"重要又紧急的事"。此时，就算全身心投入其中，时间上也来不及了，结果就是让我们陷入巨大的麻烦之中。

【麦肯锡解题】

问题的解决有赖于缜密的逻辑思考和符合逻辑的行动，行动的关键在于其合理性，如果行动不合理，便没有逻辑可谈。划定问题的优先级，对问题进行重要程度与紧急程度的划分，有益于在发现问题之后更好更快地实现终极目标。

掌握重要且关键的少数

纽约的麦肯锡团队曾经为一家规模不小的经纪公司提供咨询服务，公司董事会请教麦肯锡的顾问：怎样才能提高证券经纪业务的盈利能力，将股票卖给大型保险基金和共同基金?

麦肯锡顾问没有直接给出建议，而是先提出了一个问题："你们的利润从哪里来?"这样的问题通常都没有明确的答案，甚至具有多年从业经验的人也会被问住。

为了把这个问题解决好，麦肯锡团队进行了细致的剖析，他们将经纪公司的客户进行了分类，对所有经纪人和交易员的全部账目进行了认真的检查。经过几周的时间，他们做了全面的数据分析，最后发现：80%的销售额来自20%的经纪人，80%的订单来自20%的客户，80%的交易利润来自20%的交易员!

由此不难看出，这家公司在人事分配方面是存在问题的。于是，麦肯锡团队开始着力解决这一问题。在团队内部，有人认为许多销售员太过懒惰，无法胜任工作。可是，在进一步的深入探讨中，大家发现问题并不是这么简单，比如：有三个最高级别的经纪人负责操纵十个最大的账户！如果把这些账户让更多的经纪人来平分，给最大的三个客户每人分配一名高级经纪人和一名初级经纪人，能让销售额产生提升。

在这个案例中，"80/20原理"体现得淋漓尽致，但它也从某个角度提示我们：某些重要而关键的部分总是属于少数，而不起决定作用的部分却是多数。想要掌控全局，就要掌控好重要且关键的少数部分。

在面对繁忙的工作任务时，如果你总是感觉手忙脚乱，或是明明比别人更努力、更有能力，成果却收效甚微，那你更有必要认识并掌握“80/20原理”，它对你提升工作效能大有益处。

高效的“80/20原理”

把80%的时间花在能出关键效益的20%的事情上，“80/20原理”是管理咨询业用得最多的一个原理，每一个效力于麦肯锡的人都熟知“要事第一”的重要原则，他们会按照事情的重要程度安排工作顺序，重点去处理那些重要的事情。

为什么重要的事情要先做？道理很简单，每天总有好几件事情等你处理，如果你总是着急忙慌逮着一件事就干，不分轻重，很可能将精力花在无关紧要的事情上，而重要的事情则一拖再拖。在这个过程中，你的精力会被一点点消磨掉，精神状态下滑，还怎么可能把重要的事情做好呢？

区分工作的重要程度

工作中每天都有无数事情，事情永远有轻重缓急之分，要怎么区分工作的重要程度呢？

麦肯锡精英会将工作中的各个项目根据重要和紧迫程度，划分为三级：重要的事情、次要的事情、没必要的事情。每一天的每一项工作都是由此开始的，甚至长期工作也会按照这一原则制订计划。正是这样的工作方式，保证了麦肯锡人的高效做事，麦肯锡才能成为咨询行业的佼佼者。

具体来说，这三级工作是这样划分的：

○ 重要的事情：

这类工作为“必须做的工作，最重要的事项”，如约见重要客户、召开必要的会议等。

○ 次要的事情

这类工作是指“应该做的工作”，这类事尽管重要，但不会产生立竿见影的效益，如各种规章制度的完善、商家承诺提供的售后服务等。

○ **没必要的事情**

这类工作是指“可做不可做的工作”，是价值最低的，如不必要的应酬、某些关系不大的会议等。

可能对于有些人来说，把任务只分成这三个等级还远远不够。在这种情况下，你还可以将各个级别进一步细分。

对于这三个级别工作的处理，是这样操作的：

第一，重要的事情必须在短期内完成，需要立刻行动起来去做，而且要集中精神做到位。一旦完成这些事情，会产生显著的效果，所以永远不要忘记这些任务。

第二，重要的事情完成后，需要转入做次要的事情，争取尽早完成。若规定的完成期限较短，就应该将它们提升为重要的事情。比如，今天不要紧的事项，可能在明天就突然变得重要起来。

第三，对于没必要的事情，要尽量少在上面花费时间，或者安排在工作不忙时进行，也可以考虑授权给别人处理。如果在这类事务上分配的时间过多，那么你的整体效率会很低，而且离目标会越来越远。

需要注意的是，这里的“界限”不是绝对的，而是相对的，也就是说各级事务是可以灵活变动的。你要随时根据实际情况，及时更新任务列表。比如，当计划发生改变，当截止日期逐渐临近时，要在列表上做好标注，并且及时调整任务的优先次序，以保证将时间用在需要尽快完成的计划或任务上。

麦肯锡的这种工作划分法可以帮助我们理清思路，有意识地设定明确的优先顺序，知道优先做什么，重要在哪里，使时间得到最合理的安排，从而实现高效率办事。

在开始一天的工作之前，你不妨先问问自己：

○ 我今天必须完成的工作是什么？

○ 做哪些工作，我的努力程度会翻倍，效率也会翻倍？

○ 我正在做的事情是否最合适现在这段时间做？

○ 哪些事情可做可不做，对工作影响并不大？

○ 哪些事情暂时可以延后处理？

……

将自己需要处理的工作列一份表格，按照重要度进行排序，并且写下完成的时间，这就是你接下来要重点对待的工作内容。

【麦肯锡解题】

“80/20原理”对工作的一个重要启示是，避免将时间花在琐碎的多数问题上，就算你在它们身上花了80%的时间，也只能取得20%的成效。要将时间花在重要的少数问题上，因为解决这些重要的少数问题，你只需花20%的时间，却能取得80%的成效。

大道至简，把复杂的事简单化

一家杂志社曾经举办过一项有奖征答活动，题目很有意思：

一个热气球上载着三位关系着人类命运的科学家。第一位是粮食专家，他能在不毛之地甚至在外星球上，运用专业知识成功地种植粮食作物，使人类彻底摆脱饥荒；第二位是医学专家，他的研究可拯救无数的人，使人类彻底摆脱诸如癌症、艾滋病之类绝症的困扰；第三位是核物理学家，他有能力防止全球性的核战争，使地球免于遭受毁灭的绝境。

由于载重量太大，热气球即将坠毁，必须丢出去一个人以减轻重量，使其余的两人得以存活。请问，该把哪一位科学家丢出去呢？

征答活动开始后，社会各界人士广泛参与，一度引起了某电视台的关注。在收到的应答信中，每个人都绞尽脑汁，发挥自己丰富的想象力，阐述他们认为必须将哪位科学家丢出去的原因。那些给出高深莫测的妙论的人，并没

有得到奖金，最终的获奖者是一个14岁的男孩。他给出的答案是：把最胖的那位科学家丢出去！

这个故事告诉我们，很多事情其实很简单，只是我们把它想得太复杂了，以至于在解决问题的过程中，费了大量不必要的功夫。当然，这也很容易解释。因为长期以来，我们接受的普通教育和大多数训练都指导我们把握每一个可变因素，找出每一个应对方案，分析问题的角度应尽可能多样化。久而久之，我们就习惯了一种定式思维：最复杂的就是最好的。复杂化的问题从小就开始伴随着我们，成为我们生活和工作的一部分。

麦肯锡精英之所以都是“效率达人”，是因为他们力求用简单的方法解决复杂的事。

在思考如何解决问题时，麦肯锡人想到一个方法就立刻记录下来，暂时不考虑它是否可行，记录的想法越多越好，等到再也想不出方法时，再回过头来整理之前想到的方法。

在整理时，麦肯锡人会先把那些思考后不可行的、花费代价太高的方法去掉。当把这两类方法去掉后，如果还剩下其他方法，再对其从时效和付出的代价两方面进行综合考量，对余下的各种方法进行综合打分，选择出得分最高的一种方法，然后用它来解决具体问题。

麦肯锡精英不会一个人闭门造车，遇到自己无法解决的问题，也会请身边的人帮忙，或是扩大范围寻找能够帮助自己解决问题的人。接下来的步骤，就和前面一样，列出各种解决办法，用排除法找出最佳的解决策略，再选择合适的人去完成。

显然，上述的方法并不复杂，我们完全可以效仿，真正难的是培养这种用简单方法解决问题的思维。美国通用电气公司前CE0杰克·韦尔奇说过：“你简直无法想象让人们变得简单是一件多么困难的事，他们恐惧简单，唯恐一旦自己变得简单就会被人说成是头脑简单。而现实生活中，事实正相反，那些思路清楚、做事高效的人们正是最懂得简单的人。”

我们总是习惯性地把问题复杂化，以为事情总在朝着复杂的方向发展，但实际上，复杂会造成浪费，而效能则来自简单。我们做过的事情中，可能有很大一部分都是没意义的，真正有效的活动就只是其中的一小部分，而它通常隐含于繁杂的事物中。因此，我们要学会从简单的地方入手，找到关键部分，去掉多余的活动，利用简单的手段解决复杂的问题。

麦肯锡提高效率三个“能不能”

为了提高效率，每做一件事情时，我们应该先问三个“能不能”：

- ○ 能不能取消它？
- ○ 能不能把它与别的事情合并起来做？
- ○ 能不能用更简便的方法来取代它？

上述的方法，为我们化繁为简提供了一个可靠的思路。总之要记住，无论做什么事，最简单的方法，就是最好的方法。追求简单，事情就会变得越来越容易；反之，任何事都会对我们产生威胁，让我们感到棘手，消耗大量精力。

【麦肯锡解题】

那些擅长逻辑思考的人，可以非常简洁地将自己的想法传达给他人，并让对方非常轻松、容易地领会并接受自己的主张。

第一次把事情做好，效益最大

一次机器维修中，高师傅一直忙前忙后，拧螺丝时他需要一把螺丝刀，于是对身边的小徒弟说：“去，给我拿一把螺丝刀，要……”高师傅尚未说完，小徒弟就飞奔而去。

过了一会，小徒弟拿着一把螺丝刀跑来，但却不是高师傅需要的。高师傅需要的螺丝刀是十字形的，小徒弟拿的螺丝刀却是一字形的。没办法，小徒弟只得重新去找。又过了一会儿，小徒弟送来一把十字形螺丝刀。高师傅终于能继续干活了。

过了一段时间，看到高师傅累得气喘吁吁，小徒弟示好地说，“师傅，我来拧这些螺丝吧，您坐下歇一歇。”

高师傅很欣慰，递过一本机器内部结构图，问道：“你确定能安好这些螺丝吗？”小徒弟拍拍胸脯，肯定地回答：“会，当然会！”小徒弟费了半天劲拧螺丝，累得胳膊酸痛，结果将那些螺丝安错了地方，因为他没有认真看机器内部结构图。最终，高师傅不得不重新检查，重新安装。

本来一两个小时就能完成的工作，最后花费了半天的时间。

像上面这样的事情，几乎每天都在发生：一开始做事不到位，达不到标准或要求，要花时间来修正；产品质量出现问题，要花时间来返工；技术不过关要靠培训来弥补，工作陷入不断地重复中……这样的工作方式，不仅浪费大量的时间和精力，而且会造成经济损失。

而麦肯锡人，他们从一开始就秉承著名质量管理大师克劳士比提倡的工作思想：第一次就把事情做好，争取一次性解决问题，一次就把事情做到位。麦肯锡人非常清楚，第一次把事情做对，代价最小、成本最低、收益最大。

质量成本＝符合要求的代价＋不符合要求的代价

克劳士比指出，管理层必须不断地通过找出做错事情的成本来衡量质量的成本，这种成本也被称为不符合要求的成本。为此，他创立了这样一个公式：质量成本（COQ）=符合要求的代价（POC）+不符合要求的代价（PONC）。所谓“符合要求的代价”，就是指第一次把事情做对所花费的成本，而“不符合要求的代价”却能使管理层意识到浪费成本的存在，从而确定要改进的方向。

绝大多数的工作都是为了解决“某种问题”：“某种问题”是起点，“解决问题”是终点。为了成功地连接两点，需要一个严密的过程。而这个过程就是，我们必须知道为何去做、如何去做，如何才能做到第一次就做对。

麦肯锡精英在面对客户的咨询时，首先会确定客户想要的是什么，或者客户想要什么样的结果。明确客户的各种要求和标准后，再对整个过程实现有效的规划、设计以及控制和改进，拒绝任何可能的错误的发生，以确保每一项行动都是正确的，这样做事自然是高效的。

在现实的生活与工作中，不少人知道“第一次把事情做好”的重要性，却还是会明知故犯，这是为什么呢？下面的这个故事，或许能说明一些问题。

禅师带领弟子远行，途中发现了一块破烂的马蹄铁。禅师让弟子把马蹄铁捡起来，弟子不愿意弯腰，假装没有听见。禅师没说什么，默默地把马蹄铁捡了起来。到了一个村庄，禅师用马蹄铁换了5文钱，在村民那里买了18颗樱桃。

他们继续往前走，途经一片荒野时，弟子渴坏了。禅师故意将藏在袖子里的樱桃掉出一颗，弟子看见，连忙捡起来就往嘴里塞。禅师边走边丢，弟子在后面狼狈地弯了18次腰。抵达目的地时，禅师对弟子说：“当初你若肯弯一次腰，就不会有后来的18次弯腰了。”

弟子在禅师交代捡起马蹄铁的时候，为何置若罔闻？大致原因无外乎：

○ 懒得弯腰去做这件事，假装听不见，把捡东西的事情寄希望于禅师。
○ 轻视捡马蹄铁这件事，觉得没什么意义，不值得花费时间去做。
○ 没想到马蹄铁能换来需要的东西，所以就没有去捡。

仔细想想，这跟我们在工作中的心态很相似。很多时候，我们从心理上轻视了一件事情，认为可以轻而易举地完成，忽略了其中的难点和可能会犯的错误；有时候，干活总想着差不多就行了，实在不行再想办法，却没有意识到返工其实会让事情变得更复杂，还可能会造成巨大的损失。这些心理产生了应付和粗枝大叶的工作行为，最终付出了更大的代价才把工作做好。要避免这种情况，只有时刻要求自己，从开头就把工作考虑周全，把要做的事情第一次就做到位，真正担负起自己的责任。

【麦肯锡解题】

第一次就把事情做好的代价最小、收效最大，这不仅仅是一种工作方法，更是关系到一个企业、一个组织兴衰成败的重要法则。

混乱会干扰思考，一次只解决一件事

心理学家爱德华·哈洛威尔做过一个形象的比喻："一心多用就像是打网球时同时打三个球，你以为能面面俱到，以为自己的效率很高，可以同时做两件或者多件事情，实际上你的意识在两个任务之间快速切换，每一次切换都会浪费一点时间、损失一些效率。"

在私企做秘书的可可，总是抱怨自己的工作："每天事情太多了，要打印文件，要去银行缴费，要给客户回邮件……有时，我都不知道该从哪儿下手。"

同样是做文秘工作，田娜就职的集团比可可所在的公司规模大很多，工作量自然更大，可她却不觉得日子难熬，经常有时间去新餐厅尝鲜，能跟朋友郊游，还有时间写网络小说。

同样的秘书工作，二人为何有这么大的差别？不完全是心态上的问题，更主要原因在工作的方法上。如果工作没有章法，东一榔头西一棒子，处于一种混乱状态，即便只有一项工作，你也会折腾到晕头转向。

你在工作中有没有这样的经历：原本正在全神贯注地做一件事，突然电话铃响了，同事找你帮忙，上司又安排了新任务……迫不得已，只能中断手里正在进行的工作。来回折腾几个回合，最后可能一件事情也没完成，刚刚理清的思路也变得混乱了。

思考最大的敌人是混乱

神经学家发现：人的大脑通过语言通道、视觉通道、听觉通道、嗅觉通道等来处理不同的信息。每一种通道每次只能处理一定量的信息，超过了这个限度，大脑的反应能力就会下降，非常容易出错。

太多的信息会阻碍正常的思考，就像电脑的内存塞满了处理命令，会导致运行缓慢或死机一样。比如：原本专心致志地背一天单词，可以记住50个，但你非要戴上耳机，听着广播背单词，那么你的注意力就会被广播分散，影响你背单词的效率。一天下来，你可能就只记住了25个，效率降低了一半。

要解决这个问题，方法很简单：一次只解决一件事。

爱迪生说过："如果一个人将他的时间和精力都用在一个方向、一个目标上，他就会成功。"如果你经常在工作中把自己搞得疲惫不堪，那么很有可能是没有掌握这个简单的方法。试着让大脑一次只想一件事，清除一切分散注意力、产生压力的想法，让思维完全进入当前的工作状态，往往就不会因为事务繁杂、理不出头绪而顾此失彼了。

【麦肯锡解题】

做事就像拉抽屉，一次只拉开一个，完美地完成抽屉内的工作，再把抽屉推回去。不要总想着把所有的抽屉都拉开，那样会把一切都搞得混乱，让自己筋疲力尽，却得不到好结果。

细致本身是好事，但不要过于细致

在生活和工作中，你有下面的这些习惯吗？

○ 对安全感有极高的要求，追求秩序与整洁；

○ 对自身期许过高，甚至苛求自己，不能宽容自己的失误；

○ 非常关注细节，难以容忍瑕疵与不足；

○ 抗拒冒险，不愿尝试新的东西，行事谨慎；

……

或许，你已经意识到了，这是一种完美主义情结。通常来说，有完美主义情结的人，习惯用过高的标准苛求自己、衡量他人。无论做什么，他都觉得难以达到自己的要求，还很喜欢在细枝末节上做无意义的纠缠。有时，为了处理掉“一粒沙子”，不惜耗费大量的时间和精力。就在与自己较劲的过程中，那些真正重要的东西，也随之被忽略了。

阿曼达被公司解雇了，这让她满腹委屈。她算得上是一个出色的设计师，同事们都表示：论能力，她比新来的设计师强几倍，创意奇特，出人意料；论素养，她早出晚归，勤勤恳恳，这一点许多同事都不如她。可就是这么一个卖力干活的好姑娘，竟然被炒了鱿鱼，而多少滥竽充数的人，反倒安稳地端着饭碗。

老板是故意跟阿曼达过不去吗？事实并非如此。阿曼达做事太慢，让老板忍无可忍了。别的设计师三天做出来作品，她得用上十天，虽说做出来的东西是挺好的，可这时间消耗这么长，老板也着急啊！公司的业务往往比较急，常常是，任务交代下去，阿曼达几天过去还不能拿出设计方案。老板没看到阿曼达苦思冥想、废寝忘食的样子，他看见的是阿曼达迟迟给不出方案——“你什么都没干，工资白给你发了”。

阿曼达是一个过分追求完美的人。不管做什么，她总是追求尽善尽美，一点儿瑕疵都不容不下。她对自己要求太高，总希望拿出来的作品超过公司的其他设计师，把设计做到最理想，达到一个很高的境界。就算任务紧急，她也不愿意匆匆应付，各种小细节必须经过深思熟虑，到最后时间不够了。

人的时间和精力都是有限的，在追求完美的过程中，我们要付出更多的时间和精力，而耗损的这些精力却不一定能够换来想要的结果，最后可能是我们的时间和精力不能满足工作要求，完不成工作。这种过于苛求导致坏的结果不是我们想要的。

不要无意义地过于细致地工作

麦肯锡公司有一个理念：在分析问题时，要克服追求精确的冲动，提醒自己“我们不需要完美的模型，只需要好于现有的东西”。真正重要的核心部分的工作确实需要细致地完成，但其他部分如果也按照同样的细致程度来缓慢推进，多少时间都是不够的。从结果上来看，一旦超过截止时间，无论之前的工作做得多么细致都于事无补。

工作本身并不是以细致完成为最终目的，而是要以做出某项成果为目的。为了做出成果，才需要某种程度的细致。我们必须以一种大局观去看待，必要的时候，甚至要舍弃一些细枝末节的东西，才能获得质量与效率的平衡，追求最佳性价比的方案。

戴维斯是麦肯锡公司的一位顾问，他常常说，“如果我的决策能够达到60%的正确率，那就达到预期的最高标准了。”

为什么不是100%？戴维斯的解释是：“我更了解概率的意义。”

在帮助客户做策划方案时，戴维斯通常会争取以最快的速度做完一个60%完成度的方案，然后拿着它去找客户，在沟通中继续斟酌里面的方向和措施是否妥当。回来后再把客户提供的一些关键性意见补充进去，形成可行性的方案。

戴维斯的理由是：“哪怕我考虑到了每个方面，预料到了所有可能性，这个方案依然可能会存在瑕疵，甚至致命性的失误。我第一时间争取了客户的意见，这等于是一份客户协助我修改形成的方案。客户会自己反驳自己的意见吗？不会的，所以我的方案最终都会胜出。”

对待客户，戴维斯平时也不会“一视同仁”。尤其是那些挑剔又难缠的客户，他宁愿选择少合作，甚至不合作。“这种客户并不是优质客户，合作期间需要处理的问题也多，倒不如腾出时间和精力去争取其他客户。适当地放弃一些客户，短期看是不合适的，长期却可以换来三倍的客户量。”

戴维斯的案例简单又充满了启迪：新手看胜负，高手看概率。真正的高效是以概率为目标的，追求的是一种结果上的最优化。有些事情从短期局部范围看是有用的，但长期和整体来看是无效的，我们要清醒地认识到哪一部分不需要做到完美，在少数事情上追求卓越；不要追求过于细致，只需要有效地分析即可。

【麦肯锡解题】

对任何事情的投入总有一定的限度，达到这个限度的“临界点”时，价值就会出现。超过“临界点”后，多付出的努力所起的附加作用微乎其微，有时不会再产生任何益处，甚至可能损害原有的价值。

领导力资本分配的三种错误模式

凯文是某公司的设计总监，在别人看来，他简直就是疲于奔命的工作狂。

每天，凯文要花上六七个小时来做设计和研究，此外还要兼顾部门里的其他事务。他经常风尘仆仆地从外面回来，又急急忙忙地出去，部门里的每件事情，他都要亲自参与才放心，就算人不在办公室，电话也会准时来。

周末，凯文难得跟朋友吃个饭，手和眼却不离手机。朋友略显尴尬，小心翼翼地问道：“你每天都这么忙吗？”大概是意识到自己的做法影响了进餐的氛围，凯文抱歉地说：“不好意思啊，主要是事太多了，时间又不够用。现在还有一堆事拖着没做呢！”

朋友提醒凯文：“如果一直是这样的状态，你需要思考领导力资本的分配是否合理？”

就是这句话，瞬间点醒了凯文：自从开始带领设计团队，他就经常觉得自己的精力不够用，总是没办法按计划完成日常工作。他既要忙自己的工作，还要事无巨细地监督团队成员，不敢有丝毫的松懈，生怕下属会出纰漏。渐渐地，下属一遇到问题就来请示，自己却不思考，这些事情让他耗费了大量的精力。

之后，凯文开始改变之前的工作方法：大部分的时间用来思考如何推动部门的重点任务，至于具体的工作，看看部门里谁做合适，就让谁去做，自己时常盯着一下工作的进度。手上不再同时有三件以上的急事，通常一次只有一件，其他的都暂时放一边。这样的调整，明显让凯文感觉松了一口气，不仅自身的工作效率提高了，下属的工作能力也得到了锻炼，整个团队开始朝着良性的方向前行。

什么是领导力资本?

麦肯锡将管理者用于领导团队的时间和精力称为“领导力资本”，这是管理者最宝贵的稀缺资源。如何把有限的领导力资本发挥到极致，决定着团队管理的效果和输出成果的效率。

不少管理者都面临着和凯文一样的问题，用加班加点来挖掘领导力资本的潜力，不仅损害了自己的健康，也疏远了家庭，但工作质量和团队效率却没有得到显著的提高。麦肯锡公司之所以能够蓬勃发展，正是因为有大量和凯文一样的管理者需要帮助。这也说明，每一位管理者都需要学习如何合理地分配领导力资本，提高团队运营水平，将自己的时间和精力用在更有效率的地方。

想要高效地运用领导力资本，先要弄清楚自己平日里将其用在了什么地方。如果不知道自己在哪些地方用力过度，对哪些事情关注不足，就无法着手进行调整。你可以试着回顾一下本周的工作，然后思考以下问题：

○ 你本周的工作目标是什么？工作计划是怎么安排的？
○ 你亲自完成了哪些工作？其他任务分配给了谁？
○ 你表扬了谁？批评了谁？具体原因是什么？
○ 你协助谁解决了他们无法解决的问题？花费了多少时间和精力？
○ 你检查了谁的工作？花费了多少时间？
○ 你对谁进行了业务指导？花费了多少时间？

○ 谁给你制造了麻烦？谁向你做了请示？各花费了多少时间？

○ 你让谁重新做了手上的工作？对团队的效率产生了怎样的影响？

○ 你有没有召开团队内部会议？讨论了什么问题，用了多少时间？

○ 你有没有为平息团队内部的矛盾花费时间？

○ 你有没有对请假人员的工作进行调配？花费了多少时间？

○ ……

在实际的工作中，耗费领导力资本的事情，远比上述所列的情况更多。如果不把这些事情罗列出来，你可能根本无法清晰地看到自己的领导力资本都用在了哪些地方。鉴于此，希望你养成统计各种工作所花费时间的习惯，以此来计算精力的分配情况。

领导力资本分配的三种错误模式

通常来说，管理者在投入领导力的问题上，并不如编制预算时那么慎重。这就使得，在分配领导力资本的时候，不少管理者会不自觉地陷入错误的模式中。

错误模式1：将领导力资本平均分配给所有的团队成员

这种模式能够让管理者获得一个“不偏心”的称誉，但对提高团队效率而言没什么用。毕竟，团队成员的能力参差不齐，产出效率也不一样，工作态度各有差别。对于“模范者”的成员来说，管理者的“不偏心”对他们而言是一种轻视，会让他们觉得自己的付出与成果不被重视，很影响工作情绪。

错误模式2：将领导力资本更多地分配给高效的特定成员

如果管理者只亲近工作能力强、产出率高的特定团队成员，在短期内，无疑可以增加输出的成果。但从长期来看，这个小圈子之外的成员总是被忽视，自然会产生不满，会让团队内部产生矛盾，久而久之积重难返。

错误模式3：将领导力资本更多地分配给“闹事者”

这种模式类似于网上说的“按闹分配”，那些总是制造麻烦的“闹事者”，没有产出太多的成果，却耗费了管理者的大量精力。这种做法只是在息事宁人，无益于提高团队的生产效率，还会让低调踏实的团队成员得不到重视。一旦认真做事的成员决意离开，团队必将遭受巨大损失，甚至陷入无法挽回的局面。

评估领导力投入的方法

管理者投入的领导力资本，其实是为了团队成员付出的领导力服务。按照麦肯锡公司的理念，管理者需要投入的“领导力服务”可归结为四大类，共计12种：

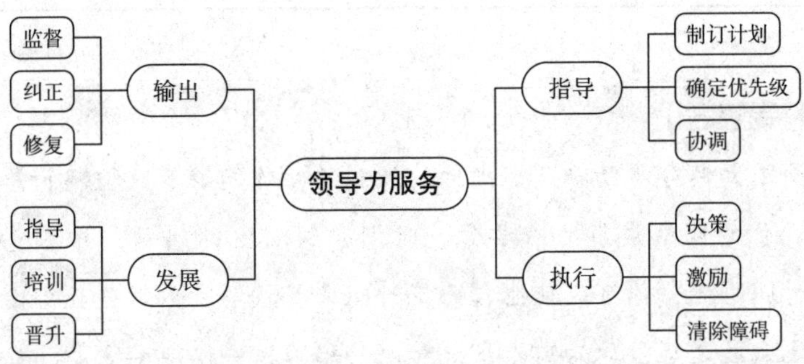

上述的四类12种领导力服务，明确了管理者应当在哪些方面投入领导力。同时，也可以据此制作一份评估表，根据团队成员的工作情况来判断，是否需要为其提供某一项领导力服务，从而清晰地看到谁需要更多的领导力投入，谁需要简单维护即可。

领导力服务	张×	赵×	钱×	孙×	程×	……
制订计划	√		√	√	√	
确定优先级	√	√		√		
协调	√		√	√		
决策						
激励	√	√			√	
清除障碍				√		
监督	√		√	√		
纠正	√			√		

续表

领导力服务	张×	赵×	钱×	孙×	程×	……
修复		√				
培训	√		√	√		
指导	√			√		
晋升						
总计项目	8	3	4	8	2	
需求等级	高	低	低	高	低	

【麦肯锡解题】

你周围大部分事物都是超出你的控制的，你能够有效控制的是你的应对方式。你的团队成员喊着要你花时间来解决他的问题，并不意味着你就要把时间给他，你可以让他自己花时间来寻找解决方案并且给出最佳计划。当他完成之后，你只需坐下来和他一起审核一遍他的方案。如果他每次找你，你都帮他解决问题，就是在培养他的坏习惯。

解决问题通用的“七步成诗法”

世界经济论坛将“解决复杂问题的能力”列出21世纪首屈一指的能力，全球的组织机构在招募人才的时候，也将这一能力作为重点考察的一项。在麦肯锡精英们看来，如果自身解决问题的能力被说成“滴水不漏”，对他们而言是最高的赞誉。

无论从事什么行业，无论身在企业、非营利机构还是政府部门，我们都需要成为灵活的、有创造性的问题解决者。我们遇到的问题不尽相同，解决方法自然也不一样，但解决问题的思路和框架却是有章可循的。

麦肯锡前合伙人查尔斯·康恩与罗伯特·麦克莱恩认为，解决问题有通用的7个步骤，也称为“七步成诗法”，该方法不仅可以有效地解决企业遇到的各种问题，也能够应对生活中需要深入探讨的复杂问题。

Step1：描述问题

描述问题，就是要明确问题的含义，或是明确问题包括哪些内容。

周一早上，领导眉头紧锁地说道："最近，咱们部门的销售业绩有点差，你想想办法。"听到领导的话，你知道要解决什么问题吗？业绩有点差，指的是销售额还是利润？这个时候，你要做的就是描述问题——"把每个季度的销售额做到300万元，是否符合您的预期？"这时，领导就会给出一个具体的销售数字，而你的工作目标也就能确定了。

Step2：分解问题

分解问题，就是把一个大问题分解成若干个小问题，且从上到下逐级进行分解。

问题分解是提出假设的基础，在分解问题的过程中，可以设置问题的优先顺序，继而理清思路。在进行问题分解时，要保证内容全面、充分、没有遗漏，且问题分解后的各个要素之间要相互独立，符合MECE分析法。前面讲到的逻辑树，就是分解问题时经常会用到一个有效方法。

Step3：剔除非关键问题

如果将每一个大问题至少分解成三个小问题，在分解几次以后，我们就会发现，问题简直太多了！此时要抓大放小，剔除没有必要深究的问题，只保留影响问题的关键点。

Step4：制订工作计划

梳理出需要解决的主要问题后，就要着手制订工作计划，合理安排人员并规划时间。

Step5：进行关键分析

落实工作计划，收集相关的资料与数据，通过分析与论证，确定关键子问题。

出于谨慎，要反复核实相关的数据、数据来源以及因果逻辑关系。根据最终的判断结果，确定主要问题与子问题的相关性，继而确定关键子问题。在这个过程中，一定要紧密结合问题与最终目标，经常反复地进行假设和数据分析，不要绕圈子，也不要钻牛角尖。

Step6：综合分析调查结果

总结问题，得出分析的具体结果，根据结果建立相关的论点。根据前面得出的论点，进一步推出解决方案的建议。最后，针对问题的关键因素制定一份具体的行动方案。

Step7：获得客户的认可

作为咨询顾问，最后得出的结论必须得到客户的认可。如果客户不认可最终的结论，就可能要推倒重来。为了确保成功，在得出阶段性的结论时，要事前与客户公司各层次的人员进行全面的沟通，听取有效的反馈意见，为项目成功奠定基础。

在推出最后的方案时，为了让表达的内容清晰直观，易被客户接受，要尽可能地使用图形或图表。要让客户看过之后，产生一种立刻就要的冲动。

【麦肯锡解题】

麦肯锡人在解决问题时，会特别注意三个事项：第一，不过分局限于现状或制约条件，要从现状和希望达到的状态去考虑解决问题的办法；第二，时刻保持逻辑思维的方式，辨清复杂问题的因果；第三，在解决问题的最后阶段，一定要明确“针对谁、做什么、如何做”。

或许，改变了边界，
世界就改变了

第六章

麦肯锡时间分配法

量化：让60秒大于1分钟

人对于时间的概念，比任何一种动物都更加深刻。然而，人也是贪婪的，总希望时间能够按照自己的意愿出现。大多数时候，人都渴望时间能更多一点，可越是带着这种迫切的愿望，越会感到时间的紧迫和短缺。

你在生活中经常会有时间危机感吗？如果你不知道怎么回答，不妨看看下列的这些情形，看看它们是否符合你的常态：

○ 经常会坐立不安，觉得有一大堆的事情还没有做完；
○ 担心自己的时间不够用，害怕无法顺利完成任务；
○ 在工作后如释重负，紧绷的神经会放松下来；
○ 虽然事先做了规划，可还是会发现时间不太够用；
○ 总是被一些乱七八糟的事情打断，工作时断时续；
○ 经常忙忙碌碌一整天，却不知道究竟忙了些什么；
○ 有一堆事情摆在眼前，不晓得该从哪件事着手；
○ 耳边总是被人催促“还没有做完吗”。

如果上述的这些情形中，有四五项都符合你的现状，那很有必要提醒你，你很可能在时间规划方面出了问题，或者说你已经遭遇了时间短缺的危机。在这样的状态下，你经常会觉得自己被工作牵着走；明明没有偷懒，可工作还是越来越多、越做越乱；紧赶慢赶，做事的效率还是比别人慢半拍，甚至慢几拍……总而言之，生活和工作总是麻烦不断。

到一家公司入职之前，我们会问清楚工作的时间，你可能会被告知朝九晚五，一天工作8小时。看似工作8小时，但实际上能够利用的时间，真的有8小时吗？假如我们一生工作40年的时间，那么具体的工作时间到底有多少呢？

为此，有人特意算了一笔账：每天睡觉8小时，40年将花费13.3年的时间；一日三餐花费2.5小时，40年将花费4.2年的时间；每天交通要花费1.5小时，40年将花费2.5年；每天在打电话上花费1小时，40年将花费1.7年；每天看电视、上网、聊天花费3小时，40年将花费5年；洗脸、洗澡、刷牙等每天花费1小时，40年要花费1.7年；40年里因休假、身体不适、情绪不佳等消耗的时间约3.3年。

最终的结果，可能会让你感到震惊：多数人在40年的时间里，工作时间只有8.3年！这说明什么呢？我们只有8.3年的时间去创造人生的价值，这对于任何人而言都是一个不小的压力，更何况有些人的工作时间比这个预算的时间还要短。

有人可能会说："你看，时间如此有限，不够用也是很正常嘛！"可有一个事实我们不能忽略：在同样有限的时间里，为什么麦肯锡人能够创造出巨大的价值，而一些普通的职场人却碌碌无为空叹时光如流水呢？时间是一样的，没有偏袒任何人，为什么结果截然不同？

真正的问题不在于时间有限，而在于是否把有限的时间用对了地方，用到了极致。詹姆斯·麦肯锡有一句名言："时间给做梦的人带来痛苦，给创造的人带来幸福。"在这个追求高效能的社会，掌握在最短的时间里获得最大收益的方法，至关重要。

将时间进行"量化"

时间管理中有一个很实用的方法，就是把时间"量化"：1天有24小时，1个小时有60分钟，那么1天就有1440分钟，86400秒。接下来，将这些时间划分为"时间段"，可以1小时为一段，也可以10分钟为一段，然后在这些时间段中安排进相适应的内容，为各个时间段命名、写备注，明晰自己在某一特定的时间内要做哪些事情。

笔者曾有幸见过一位资深咨询顾问的一份时间管理书，安排是这样的：

07:00—07:30　吃早饭，看《早间新闻》，时间30分钟。
08:00—08:10　用九宫格写晨间日记，明确当天工作的优先级。
08:30—09:00　和客户电话沟通各项事宜。
09:10—09:20　罗列出方案大纲内容，提炼关键词。
09:20—10:20　查看与整理文件，准备一份方案。
……

时间看不见，摸不着，但是当以这种可视的形式呈现，时间却开始一目了然。据了解，在和一些人会面或者召开部门会议时，这位咨询顾问都会把开始和结束的时间精确到分钟。这种做法的益处在于，事先的规划作为一种提醒与指引，使他更直观地知道工作时间的构成和利用状况，以便督促自身依照计划去做事，进而让自己在最短时间内达到更多想要实现的目标。

为每件事设定时间节点

时间管理，可以分为时计划、日计划、周计划、月计划、季度计划、年度计划等，无论哪一种形式，关键都是给要做的事情设定一个时间节点。比如：今天上午3小时内必须完成报表；每天上午10:30—11:30为阅读时间；每周读完一本书……总之，任意时间段都可以量化、分类并重新分割和组合使用。

“时间就是金钱”这句话大家都很熟悉，但真正理解它的含义的人并不多，因为我们习惯了思考每天做多少事情，却很少有人思考自己一秒钟能够做多少事情。用“秒”来量化时间的人，比用“分钟”来量化时间的人，时间多出59倍。

【麦肯锡解题】

时间管理并不是要把所有的事情做完，而是更有效地运用时间；时间管理不是完全地掌控，而是降低变动性；时间管理最重要的功能是通过事先的规划，形成一种提醒与指引。

犹豫不敢断，时间空流转

拿破仑·希尔说过："在你的一生中，你一直养成一种习惯：逃避责任，无法做出决定。结果，到了今天，即使你想做什么，也无法办得到了。"

遇到问题犹豫不决，拖拖拉拉，思虑太多，往往会错失很多重要的东西。就像布里丹毛驴，非常幸运得到两堆草，明明是一件好事，可它却一直琢磨到底该先吃哪一堆。左思右想，翻来覆去地琢磨，拖延着作决策的时间，结果毛驴被活活地饿死了。

在麦肯锡人看来，犹豫不决就是一种决策——下决心不解决问题。只是，这种决策往往会让事情变得更糟。那么，为什么许多人会迟迟不敢作决策，在举棋不定中浪费时间呢？

不敢作决策，不是能力问题，而是心理问题

心理学家很早就开始关注这个问题，他们还针对犹豫不决的人和果断的人做事时的情况进行了实验：请拖延者和果断者把一副纸牌中红色与黑色的纸牌分开，然后再把黑、红、梅、方四种牌分开，并记录他们完成任务的时间，以及给纸牌分类过程中的准确率。与此同时，心理学家还设置了红、白两色的灯，让所有人在分牌的过程中时刻注意灯的情况，看见白灯亮起，就按下旁边的按钮，看到红灯亮起，就不按。

实验显示，这两类人在完成速度和准确率上没有太大区别，心理学家得出结论：决策上拖延的人，在竞争力方面，并不比那些行事果断的人差，他们也可以有效地工作。当他们必须要作出一个决定时，在速度上与果断的人基本上是一样的，而且准确率也差不多。

这说明什么呢？不敢作决策的人，不是缺乏迅速作出决定的能力，而是主动选择了放慢速度。因为他们害怕犯错，害怕判断失误，纯属是一种心理症结。

提升决断力的有效方法

约瑟夫·费拉里说："对于我们所有人来讲，作出每一个决定都不容易，

大到进行大额投资、选择新的职业，小到买哪个品牌的冰箱，都不是一件容易事。但是，如果你用对了方法，即使棘手的事情也可能会变得简单。”

○ 选择不宜太多

当面临的选择过多时，会加剧优柔寡断的人作决策的恐惧和困难。要避免这个问题，就要尽量缩小自己的选择范围；根据各种选择的性质、特点，把所有的选择分成若干组。

假如你正考虑换一份工作，那不妨把工作分为两类：全职和兼职。然后问问自己，到底是想要一份自由一点的工作，还是想要每天待在办公室里。有了第一个选择后，再在其中进行划分，直到得到自己满意的答案。

○ 列一个利弊清单

作决策，实际上就是做出一种选择，而选择就意味着有得有失。要想让决策更加理智，减少后悔和遗憾的发生，不妨列一个利弊清单。

假如你不知道该在郊区买个便宜点的大房子，还是在市区买个贵点的小房子，那就分别把两种情况的优势和劣势都写下来，对比一下。在权衡利弊时，要谨慎考虑，比如：小房子的面积是否够用？郊区的房子周围的配套设施是否能满足你的要求？搬到郊区住，是否还需要购车？考虑清楚了，作决策就不难了。

○ 不要瞻前顾后

一旦做出了决策，那就顺着这条路走下去，不要左顾右盼，向前看才是正确的态度。

○ 记录所有的想法

当你在采取行动时，脑海里肯定不时地会冒出一些奇怪的念头，阻止你现在的行动，让你停下来。每次出现这样的想法时，一定记得把它记录下来，然后弄清楚这种想法为什么会出现，知道自己的症结在哪儿，然后逐一去打消。

○ 不要太过心急

凡事不拖延，并不等于要匆忙作决策，而是要在收集重要信息进行科学判断后迅速作出决定。当然，你也没有必要收集所有的信息，这有点不太现实，只要能够帮你作出判断就行。之后，以信息为基础，用理性战胜“跟着感觉走”的感性，作出的决定应该就会比较可取。

【麦肯锡解题】

每一个想要高效管理自己时间的人，都应当具备迅速对某件事作出判断的能力。判断的依据，来自事情本身的意义与终极目标之间的关联度。

“5W2H”原则

A和B两个人能力相当，上司安排他们分别去做同一项工作。A想都没想，立刻开始行动，他一直坚信：凡事做了再说！ B是个心思缜密的人，他先花费10分钟的时间思考一下具体的工作方案和思路，大致做了一个计划，然后才开始行动。

结果怎么样呢？做事一向风风火火的A，比心思缜密的B晚了半天时间完成工作，且工作质量也相差一个档次，A在工作中的失误比B多了20%。

很显然，A和B之间的差距并不在于能力，而在于工作方法：A忽略了计划的重要性。从时间管理的角度来说，制订计划能够有效地提高工作效率，有助于消除在执行任务的过程中可能遇到的各种阻碍。在麦肯锡，每个咨询项目开启之前都要制订合理的计划，这也是他们最重要的工作规则之一。

计划是什么？

在管理学中，计划有两重含义：其一，计划工作；其二，计划形式。

计划工作，是指根据对组织外部环境与内部条件的分析，提出在未来一定时期内要达到的组织目标以及实现目标的方案途径；计划形式，是指用文字和指标等形式所表述的组织以及组织内不同部门和不同成员在未来一定时期内关于行动方向、内容和方式安排的管理事件。两层不同的含义，决定了计划的侧重点的差异。

无论是哪一种计划，对个人的工作都有很强的指导意义。如果想做好时间管理，就要事先制订计划，并按照计划行事。麦肯锡要求咨询顾问在制订一项计划之前，必须有广泛而周密的思考、分析、判断、权衡等过程，遵从“5W2H”原则，以确保计划切实可行。

“5W2H”原则的来历

“5W2H”原则也称“七何分析法”，是“二战”期间美国陆军兵器修理部发明的。这项原则要求相关部门在进行决策、制订计划、执行行动之前，通过七个问题来进行全面思考，避免出现重要的遗漏。

“5W2H”原则的内容

○ 1W：为什么做？（Why）

明确计划的原因，才能有针对性地制订合理的计划。

○ 2W：要做什么？（What）

对于任何一个想要完成的工作计划，哪怕是在一周或一天内要完成的任务清单，都需要重点突出自己要做什么，这是确保工作计划顺利实施的关键。不必清晰地展示自己所要做的全部事情，这是不可能的，也是不必要的，只要明确自己要做的重要工作即可。

○ 3W：什么时候做？（When）

时间是计划中的一个重要元素，如果没有明确的时间期限，整个计划都有可能变得可以随意变动或拖延。时间是计划得以顺利实施的重要保障，无论是工作开始还是最终结束，都要给出一个明确的时间。

○ 4W：谁来做？（Who）

任何一项工作计划，都要明确行动的主体。对个人的工作计划来说，当然执行者就是自己，可如果是企业内部的计划，往往就会涉及多个部门、多项内容，这就要求明确划分各部门、各人的职责范围，做好明确的分工。唯有明确每个人的职责，明确每一个环节中具体的执行者和负责人，才能保证计划完美地实施。

○ 5W：在哪里做？（Where）

每一项计划的实施，都需要有明确的地点，这个地点代表着明确的分工，因为不同的工作有可能要在不同的地点完成。明确项目实施的具体位置，有助于拓展整个计划。

○ 1H：怎么做？（How）

这涉及计划实施的具体方法和步骤，要考虑到以下问题：如何做最省力？如何做花费时间最少？如何做效率最高？如何避免错误？怎样顺利实现目标？怎样确保计划更成功？每一个策略和措施，都是为了确保计划顺利实施而做的准备。

○ 2H：多少成本？（How）

制订计划时，要对必要的政策支持、现有资源、人力、成本等进行综合评估，有效利用。

总而言之，一个完整的计划通常都包括上述几个要点，最重要的是，我们所做的一切必须具有预见性和指导性，即计划中的所有事情必须对未来的执行工作有所帮助，能够契合实际地解决相关问题，这样才能保证执行的效率。

【麦肯锡解题】

在整个计划的最初制订、中间实施以及随情况变化调整的过程中，最重要的是把握住工作的方向和目标，这样才能确保整个计划在实施过程中不走偏，不会出现迷茫、做无用功、反复兜圈子的现象。

“计划之外”有计划

斯宾塞·约翰逊说过：“再完美的计划，也经常遭遇意外情况。生活并不是笔直通畅的走廊，让我们轻松自在地在其中旅行，生活是一座迷宫，我们必须从中找到自己的出路，我们时常会陷入迷茫，在死胡同中搜寻。”

每个人在生活中都遇到过这样的情况：开展一项工作之前，计划做得几近完美，想象着那最终的结果，内心就能荡起美妙的涟漪。可是，当真正去执行计划时，却被现实冷不防地甩了一巴掌。刚刚进入状态，准备大干一场，没想到突然空降了很多干扰事件，不想中断计划，可又不能把麻烦搁置不管，内心除了郁闷还是郁闷。

那么，如何避免陷入这种被动的状态呢？我们不妨借鉴一下麦肯锡的做法：

接纳“计划外”的存在

麦肯锡人认为，想要管理好计划外的事情，先得接纳计划外的存在。人具有社会属性，要面对很多流动的、变化的群体。所以，计划外的事情对每个人来说都是不可避免的。之所以说是“计划外”，是因为它具有突发性导致人们无法将其列入具体的计划清单。可是，我们在脑海中，不应当将它们列为“计划外”，也不该因它们的突然来袭而产生排斥。

制订计划时预留空白

如果意识到计划外事件难以避免，可以采取提前预防的措施。在制订计划时量力而行，给突发事件留一点余地，保证自己有足够的精力和时间去应对它。有了预留出的空白，可以让我们在遇到不确定的变化时，更从容地处理。

灵活地调整原计划

计划本就是为了应对各种任务而制订的，既然工作任务发生了改变，计划跟着变就是必然的选择。我们需要做的是根据任务的变化、时间的变化进行计划调整，充分发挥自身的灵活性与能动性，而不是刻板地抱着既定计划不放。

麦肯锡建议，可以从三个方面对“计划外”事件进行合理的认识与评估：

第一，如果不处理或延迟处理这一“计划外”事件会怎样？

第二，有没有合适的人能够代替自己处理这件事？

第三，如果只是需要自己适当参与，那么不参与的话，这件事能否得到妥善的解决？

所有计划外的事件都可以参照上述三点来进行评估。如果可以不参与、可以不处理，或是能找到合适的替代人选，那就不必亲自去做，时间和精力要用在最重要的事情上。如果评估过后，发现这件事对你而言至关重要，那就要认真对待，根据事件的缓急程度将其纳入任务管理清单。如果十分紧急，那就要放下其他工作，全力以赴去解决。

缓解心理困扰的方法

无论我们之前的计划多么周密和全面，仍然无法掌控所有的计划外事件，即便在作出预留的情况下，也难以保证计划外事件不会重叠而至。有时，发生了一件或多件计划外的事情，会让我们一天、一周乃至一个月的计划都被打乱。陷入这样的状况中时，很多人都不免会感到沮丧无力，甚至衍生出消极对待工作的态度。

陷入负面情绪中，无益于解决问题，只会降低思考力与行动力。所以，在处理计划外事件时，我们需要借助一些方法，帮助自己调整心理状态：

○ 充分利用各种资源为自己节省时间

当计划外事件发生时，不必所有问题都亲力亲为，一些琐碎的、具体的、不重要的事情，可以委托给能帮你做这些事的人来处理，你来督促整个过程的进展就可以。在信息时代，电子产品和各类外包服务为我们的生活提供了很多便利，电脑和手机也能用来处理各类资料，要学会充分利用。

○ 挖掘出计划外事件背后的积极意义

当我们对计划外事件感到排斥时，很难理性而有效地解决它。要想把它纳入计划中，需要事先做好心理建设，挖掘出这件事背后的积极意义。比如：原计划负责的报道项目，临时被替换了，而新项目又是你不熟悉的。这个时候，你可以选择抱怨，也可以选择把它当成一个扩展能力的机会，为今后的事业积累更多的经验和资本。

【麦肯锡解题】

不会计划时间的人，等于计划失败。只将时间的50%计划好，其余的50%应当属于灵活时间，用来应对各种打扰和无法预期的事情。

“黄金时间”贵比金

在麦肯锡公司，衡量效率的标准不是“时长”，而是“效果”，这里要求的是整体时间的使用最佳化。也就是说，在消耗同样时间的情况下，提高时间的利用率和有效性，让单位时间所制造的价值最高。同样的一小时，如果你能完成比别人更多的任务，你才是高效的。

在不同时间内，一个人的记忆力、注意力、想象力及逻辑思维能力等不是一成不变的。你应该也有过这样的体会：在某一时段，你会比其他时间精力充足，积极性更高，效果也更好；而在另外一些时段，你感觉情绪低落，提不起精神，做事效率很低。你可能责备过自己太过情绪化，但其实这是一种正常的生理现象。

人的体力状况与情绪状况，不是一成不变的

早在20世纪初，英国医生费里斯和德国物理学家斯沃伯特就发现了一个奇怪的现象：有些患者因为头疼、精神疲倦等，每隔固定的天数都会来就诊一次。在跟这些患者深入沟通后，他们发现了一些重要的事实，并分析总结出一些规律：人的体力状况变化以23天为周期，而人的情绪状况变化则以28天为周期。二十年后，另一位叫特里舍尔的人又根据自己学生的智力变化分析总结出：人的智力状况变化以33天为周期。

人的体力状况、情绪状况、智力状况按照正弦曲线规律变化，这三者的变化规律可以称为人的“生物三节奏”。人的“生物三节奏”又可分为“高潮期”“低潮期”“临界点”“临界期”。人在“高潮期”时，心情舒畅、精力充沛，工作效率最高；在“低潮期”时，心情低落，容易疲劳，工作效率较低；

在“临界点”和“临界期”时，人的体力、情绪、智力会呈现不稳定的状况，工作易出现失误。

体力与大脑机能的3个黄金时间段

大部分人的体力和大脑机能在一天的时间内有3个黄金时段，分别是10:00—11:00，15:00—17:00，20:00—21:00。这三个黄金时段做事效率较高，适合做有难度和挑战性的工作。

很多人不了解自己的黄金时间，胡子眉毛一把抓，在最好的时间里打一些不太重要的电话，回复一些不必要的邮件，白白浪费了黄金时间，等到重要的事情降临，又疲惫不堪，没有精力。在这方面，麦肯锡精英很细心，他们会总结、计算、归纳自己的黄金时间段。当黄金时期来临，会紧紧抓住，灵活地运用自己的能力，取得最好的工作效果。在合适的时间做合适的事情，就能在同样的时间里比别人做更多的事。

黄金时间的应用实例

一个很懂得时间管理的经理，曾给每一个新来的员工都发了一份“时间利用表”：

【8:00—9:00】：把一天的工作计划归类整理，各项事务分工，在思维极度清醒的状态下，获得一天中最重要的信息，并合理安排好自己的工作时段，给自己制订一个日计划。

【9:00—10:00】：此时思维飞速运转，脑细胞活跃，适合做一些重要的事情，比如电话回访、客户谈判、设计创造等比较重要的工作。这样会让你的能力在这段时间得到合理的释放。

【10:00—11:00】：思维活跃度逐渐达到高峰，身体处在最佳状态，把今天的会议、报告或者汇报等工作处理得很完美。这段时间，要把自己最好的状态用到最重要的工作。

【11:00—12:00】：身体有些疲劳，需要稍稍休息一下，饥饿感在逐渐传递，可以回复一下邮件，整理一下资料，把昨天遗留的不重要的工作处理完

毕。必要的时候，和同事讨论一下工作上的进度或者计划。

【午饭过后】：身体处于困倦状态，稍稍休息，适当调整，为下午的战斗打好基础。

【14:00—16:00】：身体已经恢复，要让自己冲锋在最前线，做一些高难度复杂的工作，加快步伐把全天工作最核心的部分处理完毕。这个时期的工作会表现出较高的工作成绩和较高的效率。充分利用好这个黄金时段，那么你一天的工作基本上就有了保障。

【16:00—17:00】：精神疲劳、视觉疲劳……各种疲劳相继出现，那么这时不要做一些思考起来难度太大的工作，做一些简单不费脑的工资，要让自己的思维得到放松，身体上继续保持忙碌。体力上的劳动能暂时转移精神上的疲惫，劳逸结合的同时，也没有耽误正常的工作。

【晚饭过后】：如果你还在加班，就要开始静下心来整理一天的资料了。这个时间用来复习和回顾最好不过，可以写下总结和明天的安排。

用好黄金时间的注意事项

黄金时间是一种精神与生理恰到好处的结合，在任何人的生命里都是平等的，不是你有我没有，我有他没有。如果你能合理利用好黄金时间，回报自然是翻倍的。不过，用好黄金时间，也需要注意一些事项：

○ 记录自己的生理变化并及时做好总结。

○ 分类自己的工作并把最重要的工作安排在黄金时期。

○ 切记在黄金时间防止被琐事和他人打扰。

○ 给自己一个计划，有需要随时调整自己的计划。

○ 保持良好的工作状态，避免自己过于疲惫而懒散。

○ 一周或者半个月给自己的工作做一个很好的分析，查漏补缺并鼓励自己。

现在，你不妨制订一份适合自己的时间表，并且按照它的安排去执行。

【麦肯锡解题】

把重要的工作安排在你最有精神、最有活力的时段，把次要的工作安排在你能力消退的时段，这是有效利用时间的上上策。

零碎时间能做的事情超乎想象

"时间就是生命"，这句话我们每天重复无数遍，但是有多少人觉得几分几秒的时间没有大用，随随便便就浪费了？他们内心也渴望做出成绩，但总是会说"时间不够用，等闲下来的时候再说吧"，事实上他们是把"空"的时间和"闲"的时间混淆了。不信你看，多少人在电脑前刷着微博、打着游戏，可就是找不到"空"的时间去做那些重要的事。

空闲时间的秘密

麦肯锡公司曾经做过一个调查，清晰地展示了人们空闲时间的秘密。这份抽样调查表明：美国城市居民平均每日工作时间为5小时2分钟；个人生活必需时间为10小时34分钟；家务劳动时间为2小时24分钟；闲暇时间为6小时。这四类活动时间分别占总时间的21%、44%、10%和25%。十年来，人们的闲暇时间增加了69分钟，闲暇时间占到一个人生命的1/4。调查报告还显示，本科以上高学历的终生工作时间是低学历者的3倍，平均日学习时间为50分钟，收入是低学历者收入的6倍以上。

很多人都觉得，人与人之间的贫富差距、成就高低，都是因为环境、机遇、能力和性格等方面的差异导致的，可事实却像爱因斯坦说的那样："人的差异在于利用空闲时间的差异。"

布莱克是麦肯锡的咨询顾问，一年约受理200多个案子。由于经常要到各地出差洽谈业务，他很大一部分时间是在飞机上度过。然而，他去年出版了一本科幻类小说，颇受欢迎。

“写这本书一共花了多少时间？一定很漫长吧？”有人问。布莱克回答道：“不，在等飞机的时间，在坐飞机的时间，我都在构想自己的小说。我每天都会挤出一小时的时间写上几段。如果我们恰巧遇到了，你会看到，我经常抱着电脑在飞机上打字。”布莱克对自己的做法非常满意：“我的时间没有一点的浪费，我感到非常快乐。”

澳大利亚著名生物学家亚蒂斯赋予了闲散时间以生命的神奇。他非常珍惜自己的时间，所以特意给自己制定了一个制度，那就是睡前必须读15分钟的书。无论忙碌到多晚，哪怕是凌晨两三点钟，进入卧室以后也要读15分钟的书才肯睡觉。这样的制度，他坚持了整整半个世纪之久，共读了8235万字、1098本书，医学专家终于变成了文学研究家。

斯宾塞说过：“必须记住我们学习的时间是有限的。时间有限，不只是由于人生短促，更由于人事纷繁。我们应该力求把我们所有的时间用去做最有益的事情。”

时间最不偏私，给任何人都是二十四小时；时间也最偏私，给任何人都不是二十四小时。因为时间是死的，我们的思维却在活跃着。每天八小时的工作时间，上网看微博的时间，完全可以用来收发工作邮件；中午和同事闲聊的时间，完全可以闭目休憩一会儿；路上等车、坐车的时间，完全可以用来听书。麦肯锡人一直坚信，时间就像海绵里的水，只要愿意挤，总是会有的，只是看你是不是知道合理利用。

利用零碎时间的方法

○ 把被动消磨变成主动利用

当我们从一项活动转向另一项活动，或是从某地到另一地时，可以把中间的等待时间主动利用起来，而不是无所事事地刷手机。根据零碎时间的长短、所处的环境、当天的任务清单等因素，选择合适的事情，利用这个时间段去完成部分或全部。

○ **用固定的零碎时间做固定的事**

我们每天都会有一些零碎时间是固定的，最常见的就是搭乘公共交通的通勤时间，这段时间如果用来听1小时的书或讲座，也能让自己受益匪浅。

○ **缩短事务之间的衔接时间**

当我们完成了一项事务后，往往会稍作休息，继续下一个重要事项。但有些时候，这个“稍作休息”的时间会被故意延长，比如：原计划写完报告后，喝一杯咖啡，然后就去做演示稿，结果“一杯咖啡”的时间变成了“1个多小时”。类似这样的情况，要尽量避免，缩短事务之间的衔接时间，以免时间被白白浪费，之后还要靠加班弥补。

○ **抓住“一心多用”的机会**

晨起跑步的时候，可以听半小时的新闻或书籍；盯着烤箱的时间，也可以顺便整理一下厨房，抓住这种“一心多用”的机会，能做不少有益的事。不过，在用这个方法的时候需注意，同时做的两件事不能都是需要全神贯注投入的，要一件是轻松随意的，一件是需要专注的，要是一边写报告一边听书，哪件事都难以做好。

盘活零碎的时间吧！你会给自己创造不一样的未来。

【麦肯锡解题】

盘活零碎时间，不是要求每天从早到晚满负荷运转，而是要提升掌控自己时间的意识，更高效地利用每一分钟的时间，服务于自己的工作、生活。

重复的事情标准化

麦肯锡精英认为，有些工作是需要发散性思维，拿出颇具创意的成果；但也有一些工作，需要进行规格化和统一化，避免反复操作同一件事而浪费不必要的时间。

同样的文字需要多次书写时，可选择制作一枚橡皮章

某事务所的工作人员为了提高办事效率，制作了许多不同的橡皮章，包括年月日章、裁决章、住址章、姓名章，等等。这样一来，需要附加哪一类内容，直接用橡皮章即可，省去了手写的时间，非常方便。

不仅仅是橡皮章，所有能将作业统一化并积极导入格式化的工具，都能够提升工作效率。那些需要经常书写同样内容的文件，在文件印刷时就可以印上固定的文字、数字，会方便很多。而且，有了这样的工具，可以减少步步请示，提高独立完成工作的效率。

资料不能直接剪贴使用，要用统一规格复印后再保存

整理资料时，如果把东西简单地粘贴在一个本子上，很难更换和添加；放在文件袋里，又不太好找。复印存档就是比较好的方法了。

现代办公室中，复印机是很常见的工具，活页复印可以方便储存、整理大量的资料，有效地减少时间和精力的支出。复印这项工作很简单，但复印后的整理工作，许多人做得都不太理想。即便是把重要的情报复印了，如果整理工作没有做好，复印的作用也会大打折扣。

复印的目的是方便情报的使用，达到随取随用的效果。

提倡活页式复印，活页式归类分档。这样的话，任何时候取阅都很方便。复印用的活页纸，纸张尺寸都要统一，便于整理。

档案的尺寸、厚度要全部统一

档案可采用规格统一的纸张来复印和整理。如果档案的大小、薄厚不同的话，整理起来会很费劲。如果从一开始就统一样式，便可以缩短查阅时间，且会让复印和整理变得轻松。

推荐使用B5纸，原因在于：现在的复印纸通常都有A开和B开两种规格，在复印时有些许的不同：A4在复印时可印较B5版面大的文件，而A3可印更大的版面，但A3需要用较大的机器，综合考虑，B5最合适。

把一切能够标准化的工作全部标准化

把所有能标准化的工作全都标准化，然后让每个人都按照这个标准来做，这样即便监管的人不在，也不容易出错，工作也能自动化。人人按照操作的标准去做，能有效提升产量和效率。当工作内容标准化之后，就要立刻找出一套可复制的流程，将其系统化。

笔者身边的一位中层管理者，在工作中有自己的一套方法。他觉得，如果每一项工作完成后，就把研究出的方法扔在一边，实在太可惜了。所以，每完成一项任务后，他就把自己所用的方法和经验总结出来，做成档案存放。这一套工作程序出来后，等后续有人再进行类似的项目时，便可作为参考，大大节约了时间。

【麦肯锡解题】

简单的事情，要思考如何总结出更有效的方法，如何节省更多的时间，缩短流程。关注工作细节，更能提高效率。每一件小事都可能关系重大利益，尤其是从简单到复杂的事情，每一环节都要用心谨慎完成。

不让干扰吞噬自己的时间

我们都知道，思考的过程是循序渐进的：刚开始是浅思考，还在直觉状态；等到进入专注的阶段，才能用到理性思维，思考越深入，行动越高效。在一个小时内集中精力做事，要比2个小时内分神10、15分钟来做事的效率要高。一个人能够在有限时间内完成相对多的任务，自然会更有竞争力。

麦肯锡精英十分重视自我意识的觉察与转移，一旦发现自己精力分散，要在心里马上给自己喊“停”，并及时思考分心的原因：是因为不确定自己要做的事情是什么，还是因为任务太难超出了自身承受范围？通过及时察觉并找出原因，把自己的注意力从干扰中拉回来。然而，有一个现实的问题是：就算我们明白时间的重要性，可还是会遇到工作中断的可能性。

不起眼的“打扰”吞噬了多少时间？

日本学者对于时间浪费进行过一次调查，结果显示：

人们通常每8分钟会受到一次打扰，每小时大约7次，每天50到60次；平均每次打扰的时间大约是5分钟，每天被打扰的时间加起来有4小时左右，相当于工作时间的一半，其中有3小时的打扰是没有意义和价值的，而在被打扰后重拾原来的思路，至少需要3分钟，每天就是2.5小时。这一统计数据明确显示：每天因打扰而产生的时间损失大约是5.5小时，按照8小时工作制算，占据了工作时间的68.7%！

多可怕的数据，多恼人的打扰！面对这样的现实，许多人会心生抱怨，把矛头指向外界，认为都是那些“不速之客”的错。可冷静下来想想：我们有可能生活在一个完全无干扰的环境中吗？我们能够去限制所有人的言行举止吗？答案自然都是否定的。

在应对打扰这一问题上，麦肯锡人从来不会指望他人主动作出什么样的改变，而是会回到自我管理上。简单来说就是，让他人知道自己是什么样的人，有什么样的目标和计划，有什么底线和原则；让他人知道哪些事情自己是可以提供帮助的，哪些事情是一定会拒绝的。

那么，具体该怎么做呢？我们从找到打扰的来源、应对打扰的方式，以及应对各种不同打扰的方法三个方面，来做一个简单的说明：

找到打扰的来源——5P

所谓5P，就是打扰人们的最常见因素：

○ People——人（同事、朋友、上司等，客户除外）；

○ Phone——电话；

○ Paper——公文。如信件、无价值的e-mail、文件、无用的名片等；

○ Peripheral vision——视力所及处环境的干扰；

○ Personal——自我打扰（开小差、与人聊天、打私人电话）。

应对打扰的4个原则

○ 提前阻止：规定自己不受打扰的时间和情况，让他人知道你的原则和界限。

○ 委婉拒绝：学会善意、婉转地拒绝，知道什么事情对自己而言是最重要的。

○ 适当推迟：让他人清晰地知晓你的计划，分清主次，把不太重要的问题适当推迟。

○ 尽量减少：为对方限制时间，清晰说明你能够给出的时间。

应对“people”打扰的具体策略

○ 思考清楚：谁是经常打扰你的人？确认之后，与他们沟通，说明自己的工作方法。牵涉到工作方面的事宜，说明遇到哪些情况要找哪些人，明确分工和职责；用开会的方式集中解决问题；养成员工独立思考和工作的习惯，不要事事都请示汇报。

○ 再次思考，经常因什么事被打扰。属于共性的问题，集中开会说明；制作一些书面说明告诉对方，简单易懂，有不明白之处再沟通；减少完美主义情结。

应对“phone”打扰的具体策略

○ 设置留言电话的时间段，该时段内来电都会转到语音电话，既能兼顾业务，也便于自己集中时间做事。

○ 在一定时间不接电话或少接电话，集中精力做事，保证高效。

○ 留出一段时间专门回复电话。

○ 回答的语言尽量简洁，少说无关的话题。

○ 根据工作节奏调整手机静音时间。

应对“personal”打扰的具体策略

○ 清楚自己的价值观。

○ 清晰自己的目标，坚持并专注于此。

○ 管好自己的精力与情绪。

○ 了解自己的生物钟。

○ 不断记录、评估和修正。

【麦肯锡解题】

一旦确定了哪些事情是重要的，对那些不重要的事情就应当说“不”，对所有没有意义的事情采用有意忽略的技巧，将罗列的事情中没有任何意义的事情删除掉。

没有停顿的生命，
或许只是简单的重复

第七章

麦肯锡超级沟通术

保持信息畅通，团队才能高效运转

麦肯锡一向强调效率，不仅是精英顾问个人要具备高效解决问题的能力，当顾问们以团队形式出现时，实现团队的高效运转也是麦肯锡人追求的目标。麦肯锡认为，想要让一个团队有效率地工作，必须要让信息在团队内部自由地流动，让团队内的每一位成员都对项目的信息有充分的了解，确保大家置身于同样的效率线上。

信息对团队的意义

曾任麦肯锡咨询顾问的艾森·拉塞尔说："信息对于团队的意义，就像汽油对于汽车的引擎。如果阻碍了汽油流动，汽车就会停滞不前。"

在实际工作中，拉塞尔要求一个团队最底层的员工至少要了解整个项目的大致框架。如果是小项目，这不难实现；如果是大项目，就比较困难。比如：一个由50人组建的团队为一家上市公司提供咨询服务，团队最高层和最底层往往隔开两个层级，要让最底层的员工了解到上层的信息，同时让上层的人员获知底层的信息，难度是非常大的。

即便如此，拉塞尔依然认为，越是大的项目，越要保证团队内部的信息畅通。他说："对信息的了解有助于团队的同事理解他们的工作是如何对终极目标作出贡献的，他们的努力价值体现在何处。如果人们觉得自己工作在真空中，他们会与更大的事业产生隔膜，团队的士气也会受到影响。"

团队中的成员是需要归属感的，当他跟得上整个团队的步伐时，他会觉得自己是团队中的一分子，愿意为了团队的目标而努力。如果他觉得自己只是孤身奋战，或是不被团队重视，那么他就会丧失归属感和成就感，认为自己是可有可无的，对工作也会懈怠。

不只是团队底层的人员需要跟上团队的步伐，上层的成员也是一样。对此，拉塞尔强调："当你的上司知道一切由他掌控时，他会产生满足感；如果事情脱离了他的控制，要让他知道问题的根源所在，以便他能够运用自己的专长去协调和处理问题。"

开会是实现信息流动的有效方法

为了确保信息能够在团队内部畅通地流动，麦肯锡最常用的方法是开会。会议可以把团队凝聚在一起，让信息全方位地流动起来；同时，会议也为团队成员提供了某种程度上的社会联系，有助于提醒出席会议的人——你是团队中的一分子，你对团队来说很重要。

苏扎乐·托思尼是麦肯锡的一位项目经理，他认为会议成功的关键在于：确保每个人都参与，让团队会议成为每个人工作日程的常规项目。在带领团队期间，他要求全体成员上班的一件事就是聚在一起开会，有信息就分享，没有信息就散会。苏扎乐强调："不要吝啬这几分钟，它并不是浪费时间，即便会议经常会被取消，但我们从会议中得到的远比失去得多。"

议程和领导是决定会议成功的两个关键因素，苏扎乐提出："将需要讨论的项目列在议程里，然后谨慎挑选，只留下必要的，方便每一位成员掌握重要实践、议题和问题的最近进展。如果某个项目现阶段不需要讨论，就可以先放一放。领导在概括议程时，要尽量保持精练，尽量缩短会议时间。"

除了开会以外，日常的交流也很重要。在麦肯锡，许多有价值的谈话就产生在饮水机旁、走廊里、去吃午饭的路上。无论哪一种方式，都要让团队的内部交流频繁进行，并保持坦诚。这样才能提高团队效率，保持团队的士气。

有效信息的三个特征

传递信息有很多方式，如电子邮件、语音信息、备忘录、记事贴等。无论选择哪一种，都要确保你传递出的信息具备三个特征：简洁、全面、系统。

○ 简洁

在说话或书写之前，要先进行思考，将信息缩减成三四个要点，逐一罗列出来。

○ **全面**

不要只是告诉对方："我正在做A和B，如有疑问请通知我"，要清楚地告诉对方："我正在做……，目前的主要问题是……，我对它的看法是……，我正准备这样处理……"如果暂时没有有价值的事情，可以先不说。

○ **系统**

系统化、结构化的表达，更容易让他人理解你所传递的信息。

重视信息的保密工作

如果不能做到保密，都不能算作称职的咨询顾问。即便不是咨询顾问，保守商业机密也是不可或缺的职业道德。一位麦肯锡的咨询顾问曾说："我们从来不会在飞机上将客户资料从公文包里拿出来，因为你不知道旁边坐的人是谁——竞争对手、记者或者是客户公司的某个人。在办公室之外，我们从不提客户的名字，有时在公司也不会提。因为麦肯锡经常同时为同一产业的不同客户提供服务，所以同事之间也要保密。"

如果你的工作内容是敏感的，那么在日常工作中，请务必做好以下几件事：

○ 不要乱丢重要的文件；
○ 锁好办公桌的抽屉和文件柜再离开办公室；
○ 不在团队之外谈论工作的细节；
○ 公司的敏感文件不随意拿到公共场合，避免被竞争对手看到；
○ 留意通话记录是否会被录音，发送电子邮件和语音消息时也要谨慎。

【麦肯锡解题】

如果你不能做到保密，你就不是一个称职的咨询顾问。要知道什么时候说什么，什么时候应保持沉默，在这方面不妨偏执一点。

沟通要有目的性

对话1：

A：“能跟我调一下班吗？我家里老人病了，情况很糟糕，明天没法上班。”

B：“我考虑一下。”

对话2：

A：“我家里老人病了，明天没法上班。你是后天的班，能跟我调换一下吗？”

B：“没问题，你忙家里的事吧。”

A：“太谢谢你了，帮了我这么大的忙。”

B：“客气了！明天我到点上班，你后天再来就行了。”

A：“好！我肯定准点到岗。”

芭芭拉·明托在《金字塔原理》中提道：无论商务沟通的方式如何变化，它都必须建立在一个基础之上，即沟通是有效的。上述两组对话都是针对“换班”的问题在沟通，但是很明显，第一组的沟通是无效的，因为双方并没有达成共识，没有一个可供操作的结果。

在第一组对话中，B并没有给出明确的回答，只是说“我考虑一下”。可是，A很可能会认为“我跟你说了，也告知了原因”，然后第二天没有来上班。A自认为没什么问题，但是B却没有来替班，致使A被记了旷工。事后，A责备B“不守信用”“做人不厚道”，B却觉得“我没有答应你”“我也没有义务跟你换班”……现实中有许多情况都与之类似，看起来像“沟通”，实则都是无效沟通，不仅浪费时间，还可能会造成误会。

有效沟通的四个步骤

任何一次有效的沟通，都需要完成以下的四个步骤：

Step1：发送方组织和传达信息；

Step2：接收方接受信息，并作出反馈；

Step3：发送方接受信息，并作出反馈；

Step4：发送方和接收方达成某些共识。

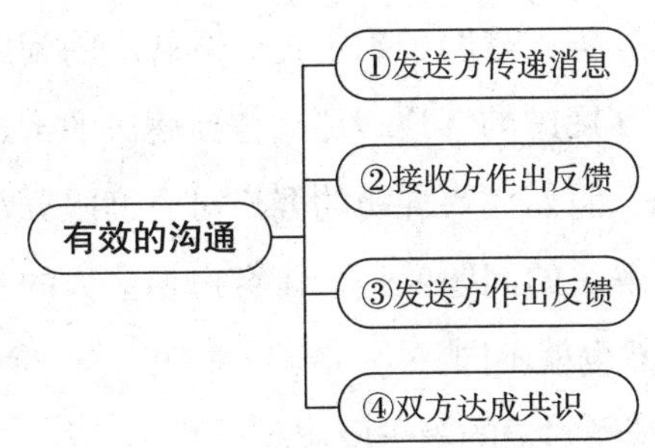

有效沟通的第一原则：明确目的

在麦肯锡人看来，无论是自己的时间，还是客户的时间，都不能用来浪费。为了确保沟通的有效性，在沟通之前先要明确“沟通目的”，即沟通要解决什么问题。这样做有两个好处：一是让沟通更有效率，二是避免沟通偏离主题。

一位麦肯锡的咨询顾问这样说道：“在进入客户的办公室之前，我总要想好今天是做什么来了。是与客户达成一致，让客户签下订单？还是为客户解答一个疑惑，或是帮助客户建立一个体系？总之，我会带着各种各样的目的去拜访客户，而不是走进一家公司CFO的办公室里与他喝咖啡、聊球赛。”

就商务沟通而言，没有效率是最致命的失误。这就好比，你花费了两三个小时的时间，与客户进行了一次长谈，谈话过程中彼此都很开心，最后心满意足地结束了谈话。两天以后，回想起这次谈话，你才恍然意识到：谈了那么久都只是闲聊，对合作项目、自身事业没有丝毫帮助，这就是典型的无效沟通。

如果是日常的沟通，聊聊天气、家庭、兴趣爱好无妨，但在追求效率的商务沟通中，这些没有目的性的闲谈最好适可而止。商务沟通要有明确的话题，且话题不能过于分散，因为人的精力有限。事实证明，在一次沟通中多次地变换话题，往往会导致没有任何一个话题能够得到深入的讨论，也达不成任何的共识。

怎样确定沟通要解决的问题？

为了避免无效沟通，麦肯锡的咨询精英们在与客户沟通之前，总会先明确此次沟通要解决什么问题。关于问题的设定，他们的工作思路是这样的：

○ Step1：分析沟通对象

对沟通对象进行分析，有助于确定沟通要解决的问题。假如你要拜访的是一位对产品质量心存疑虑的客户，那么你要解决的沟通问题就是，打消客户对产品质量的疑虑；假如你要拜访的客户对咨询服务没有疑虑，但是对你心存疑虑，那么你要解决的问题就是，让客户相信你的专业性。两者情况不同，沟通时的重点自然也就不同。

○ Step2：预判沟通对象的第一反应

预先判断沟通对象在见面时的第一反应，可以帮助我们事先做好准备，以应对有可能出现的突发事件。同时，也能让我们预知可能会在沟通中出现的新问题，从而更准确地设定或调整提前设定的问题。

○ Step3：事先组织好语言

任何一个善于沟通的商务精英都会在沟通之前组织好语言，从而有逻辑性地表达信息，而不是让沟通变成漫无目的的闲聊。另外，围绕设定的问题组织语言，有助于主导沟通过程，对实现沟通目的大有益处。

【麦肯锡解题】

在讲究效率的商业领域，沟通也要讲究效率。想要实现有效的沟通，第一项要做的就是明确沟通目的，设定沟通要解决的问题。

对方的反应比说话内容更重要

情景1：

母亲看到孩子正在放鞭炮，担心鞭炮会炸伤孩子，就立刻前去阻止孩子。可是，孩子不理解，觉得母亲小题大作，干涉自己的休闲娱乐，与母亲发生了争执。

情景2：

看到朋友沾染上了吸烟的习惯，趁着闲聊之际，你好心提醒，说抽烟对皮肤不好，也影响身体健康，何况家里还有孩子。朋友听后，非但不领情，还认为你是在指责她，不屑一顾地说："抽烟怎么了？好多女演员不都抽烟吗？"

这样的情境我们在生活中或多或少都碰到过，也不免会心生疑惑和郁闷：身为父母，明明是为孩子好，他为什么不理解呢？身为朋友，出于好意提出劝诫，她为什么一脸嫌恶呢？

为什么会这样呢？真的是对方的错吗？

不，沟通没有对与错之分，只有有效与无效之分。有效与无效，取决于对方接收到的信息以及对方的回应。就上述的两个情景而言，说话者在向听者传递信息时，都是在表达自己的观点，而没有考虑到对方的立场和感受。结果，说话者想要表达的初衷是A，而对方接收到的信息却是B，所以彼此之间的沟通是无效的。

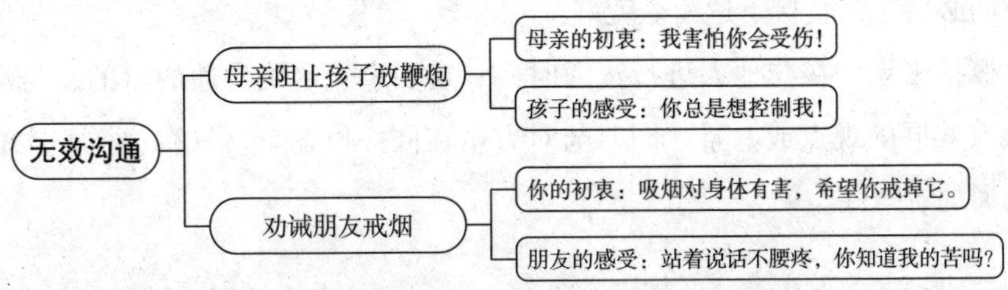

沟通的效果，取决于对方的反应

沟通的效果，不是取决于你说了什么，你说得多"对"，而是取决于对方有没有收到你想表达的信息。许多时候，尽管你说了某些事，你也觉得自己说清楚了，可因为对方与你的思想不同、所处位置不同，使得他对于同样的话，有和你不一样的理解。

有一家企业的领导，想用沟通的方式调动某员工的工作积极性，以更好的状态为企业工作。他把能说的话都说尽了，可那位员工似乎还是老样子，他觉得这个员工简直就是不可理喻，一气之下将其解雇了。

真的是那位员工无法沟通、不可理喻吗？事实并非如此。那位领导者没有意识到，他所谓的沟通，完全是站在自己的角度对员工提出要求，而没有考虑到员工的需求和感受，也不关心员工想要什么。在这样的情况下，沟通肯定是无效的。

如果换一种方式，他能够听一听这位员工的想法，将自己的愿景和对方的愿景中和一下，最终勾勒出一个共同的愿景，效果就完全不同了。

正如芭芭拉·明托所言："你期望用言语说服别人为你做什么，那么你首先要确定这样做对对方也有好处，否则对方一定不愿意这样去做。当你试图将某个观念灌输给他人的时候，你也要先确定这个观念能够被对方所接受，否则你所做的一切都只是无用功而已。"

这也提醒了我们，沟通要建立在对等的基础上。这种对等，不是强调身份、阶层、性格、教育背景等，而是指双方在心态和对问题的理解上应该是对等的。有效的沟通，一定是双方相互交流、相互妥协的，如果有一方认为自己完全不需要与对方交流，也不必向对方作出任何妥协，那么沟通就没有存在的必要了，直接下达命令就好。

概括来说，在与他人进行沟通时，一定要事先明确沟通的目的、与沟通对象有共同的观点或愿景，同时与对方站在同一位置上。只有这样，才能确保沟通的有效性。

【麦肯锡解题】

如果沟通不能确保将观点传递给对方，那么跟一场自言自语是没有什么分别的。

30秒电梯法则

某公司曾接手了一个重要项目，员工卢珊是直接负责人。和客户几番商

讨之后，老板让卢珊做出一份正式方案，并当面向他汇报。难得和老板有直接对话的机会，卢珊很想好好表现一番，于是连夜准备了40多张幻灯片，可谓“事无巨细”。

当卢珊刚讲到第五页幻灯片时，老板就有点儿不耐烦了。到了第十页时，老板频频皱眉头，忍不住打断：“不要多讲，直接说重点，三五句即可。”卢珊当场就蒙了，站在那里不知所措，她觉得方案中说的都是重点，根本不是三五句话就能说清楚的。

“如果你不能在短时间内讲清楚，说明方案有问题并且不具有操作性。”老板直言。

卢珊一度因为这件事感到委屈，直到后来，在一次培训中，卢珊了解到麦肯锡的“30秒电梯法则”，才意识到自身的问题所在，解开了这个心结。

什么是“30秒电梯法则”？

“30秒电梯法则”是由麦肯锡高级项目经理詹森·克莱因提出，他在担任《田园和小溪》以及《户外生活》杂志的发行人期间创立了该法则。当时的情景是，杂志社的销售队伍不太懂得如何向顾问介绍他们的杂志，广告收入持续缩水。于是，詹森·克莱因就想出了电梯法则，强迫销售人员在30秒内完成对杂志的介绍。

后来，这一方法成为麦肯锡的极度高效表达法则，要求所有员工凡事都要在30秒中把事情表达清楚，并为此设计了“电梯测试”，其场景设想是：历经6个月的咨询方案已出炉，然而客户公司的CEO却因要事欲离开，咨询顾问要在乘坐电梯的30秒内，清晰而准确地将解决方案告知客户。

麦肯锡认为，通常人们只能记住要点1、2、3，而记不住要点4、5、6。所以，叙述任何事情都要用简洁高效的语言，将问题的核心、解决方案以及落地办法等关键性信息传递给对方，最好归纳在三条以内。反观卢珊的工作方案，准备了太多的信息，讲解时啰啰嗦嗦，老板无法迅速了解她重点想要表达什么。每天需要处理大量事务的老板，时间和精力都有限，在面对这样的结果表达时，难免会感到焦躁和不满。

在职场中，利用好短暂的30秒，用简洁高效的语言传递出核心信息，可以得到及时反馈，这无疑是提升沟通效率与工作速度的良方。当然，想要将关键信息在最短的时间内向别人说清楚、讲明白，并非容易之事，必须具备较强的运用逻辑思维高效表达的能力才能实现。在这一点上，麦肯锡为我们提供了一个可借鉴的方法。

“金字塔原理”：结论先行，次序表达

芭芭拉·明托认为，沟通不是一件容易的事，但也绝非无章可循。如果在进行表达的时候，按照清晰的条理进行——“结论先行，次序表达”，就可以让表达的内容形成一个富有逻辑的框架，既能够保证对方可以听懂，又具有说服力。

假设有一位咨询顾问，对某公司进行了一个月的走访。现在，他已经发现了该公司的问题所在，并将结果告知公司的领导。现在，我们来对比一下，下面两组不同的表达方式：

○ **普通表达**——“经过这段时间的走访，我发现贵公司的问题的确不少：首先，公司HR部门的职责有待加强，在这段时间里，我没有见到他们处理过一起员工违纪事件；其次，公司产品研发部门和营销部门内耗严重，这些都可能会致使管理体系崩塌；另外，客服部门也有问题，我一直都不知道还有这个部门，感觉他们好像很清闲，要处理的工作很少。”

看过这段话，你知道咨询顾问想要表达什么吗？他的核心观点是什么？如果你是公司的领导，你愿意信任这样的咨询顾问并与之合作吗？

○ **逻辑表达**——“就我目前得出的结论，贵公司存在严重的管理问题。管理问题表现在：客服部门人浮于事，产品研发部门与营销部门相互推诿，而这一切的根源在于HR部门的责任缺失，没有起到很好的监管作用。这个问题是我通过一个月的走访和调查发现的，有大量的资料可以支持我

的观点……”

其实，这段话的内容和上一段是一样的，但是表达方式不同，结果也就大相径庭。这里运用的就是芭芭拉·明托推荐的“结论先行，次序表达”理论：通过一定的方式让所要表达的内容形成一个富有逻辑的框架，这个框架包括一个结论和一些支撑结论的假设与事实，然后通过一定的顺序将它们排列起来，需要表达的时候按照次序来表达。

【麦肯锡解题】

想要在30秒的沟通中取得好的效果，必须事先整理你的思绪，分析自己为什么要说这番话，观点和重点是什么，将自己的意思浓缩成几句话，做出最精练、最透彻的分析，才有利于对方接受和理解信息。

数字说话更有力

假设现在要你帮客户做过一个帮助贫困儿童的公益广告，你会怎样表达？

用单刀直入的语言来呼吁大家关注贫困儿童吗？稍作思考，恐怕你就会排除这种方式，因为它太过平淡无奇了。无论是观众还是听众，对于你所讲述的事情根本没有概念，自然也不会产生多少的共鸣。要是换成下面的陈述方式，感觉似乎就不一样了——

“刺骨的寒风中，7个衣衫单薄的孩子走在冰冷的积雪里。有5个孩子只穿着单衣单裤，有2个孩子没钱买鞋脚丫冻得通红。因为没有交通工具，每天他们要徒步10000米，花费三四个小时前往学校。他们的午餐是1个馒头，1包咸菜，1杯白开水……像这样的孩子，我们全国还有××万……”

在沟通表达时，相较于文字陈述，麦肯锡精英更喜欢运用数字。因为数字是真实的、具体的，可以让对方在脑海里形成清晰的图像，往往比修辞和逻辑都更重要。在对话过程中，若能巧妙地运用数字，往往只需几句话，就可以精准地传达信息，实现沟通目的。

形象具体的数字表达＞抽象的文字叙述

相比抽象的文字，形象具体的数字更适合运用在沟通之中。将数字形象化，通过列举数字，可以带给对方直观、形象的感受，让对方在最短的时间内真正地理解你要表达的内容，从而实现快速有效的沟通。

当你想要说服投资商继续追加投资时，如果你说“放心吧，肯定能赚钱！请你相信我，我拿我的人格做担保”，对方不仅不会被你打动，甚至还会觉得你在“吹牛皮”，不会轻易地追加投资。相反，如果你这样表述：“咱们可以以现在的情况类推，你看，现在每天可以营收3000元，那么扩大一倍投资后，收入至少也能达到5000元。这样，一天的净盈利就有2500元！可以赚这么多，你还要犹豫吗？”

仔细观察你会发现，多数成功沟通的案例中，数字都起到了至关重要的作用。

例如：我国申办2008年北京奥运会时，使用了一系列切实的数据，给投票委员们带来了不小的影响：“在4亿年轻人中传播奥林匹克理想”“通过了一个12.2亿美元的十年预算”“95%以上的人民支持申办奥运”“60万以上的志愿者随时准备投入奥运会的所有工作中”“北京的财政收入增长超过20%”，等等。

再如：销售人员在推销某种产品的时候，很少用“经久耐用”或者“卫生安全”这样的字眼，而是明确用“实验证明，我们的产品可连续使用6万个小时而无质量问题”，或者“我们的产品经过了12道严格工序。此外，在质量监督机构检查以前，我们内部已经进行了5次严格的内部卫生检查”。

看，这就是数字的力量，这就是铁的事实，比任何苦口婆心的解说都更有说服力。

运用数量符号时要注意的事项

○ 确保数据真实性和准确性

用数据说话是十分有效的沟通方式，前提是要保证数据的真实性和准确性。如果你所使用的数据不够真实或准确，那数据也就失去了意义。更为严重的是，一旦让对方发现这些数据是虚假或者错误的，那么就会认定你在欺骗和愚弄他，对你失去信任感，导致沟通无法继续。

○ 不断更新自己的数据储备

数据是不断变化的，在列举数据的过程中，不能一成不变，要根据实际情况的变化，不断更新自己的数据储备。

○ 把握一个适当的数据使用量

数据可以在恰当的时候很好地说明一些问题，但是一定要适可而止，不要滥用各种数据。数据使用过于频繁，会使对方麻木甚至厌恶，反而达不到预期的沟通目的。

【麦肯锡解题】

数字是真实的、具体的，可以让对方在脑海里形成清晰的图像，往往比修辞和逻辑都更重要。在沟通过程中，若能巧妙地运用数字，可以有效地实现精准表达，提升沟通效果。

好问题带来好结果

对话1：

A："你待人总是那么温和，我也想像你一样把情绪戒掉。"

B："你认为我待人温和，是因为我把情绪戒掉了？"

A："是的。"

B：“不，我也会有情绪，只是每次遇到问题的时候，我会……”

A：“噢。”

对话2：

A：“你待人总是那么温和，我也想像你一样把情绪戒掉。”

B：“为什么你会觉得待人温和需要把情绪戒掉呢？”

A：“不戒掉情绪的话，怎么应对那些讨厌的人！”

B：“听上去，这好像让你想到了一些人，是这样吗？”

A：“没错，我想起了令人作呕的同事C。”

B：“能具体说一说吗？”

A：“她这个人太假了，总是阳奉阴违……”

仔细品味上面的两组对话，发现它们的不同了吗？

也许你感受到了，第一组对话很短暂，A在说出自己的想法和感受时，B用一个封闭式的问题把A的话重复给他听——“你认为我待人温和，是因为我把情绪戒掉了”。看似在提问，其实问题中已经蕴藏了答案——“那是你认为，真实的我并不是这样的”。

面对封闭式的提问，回答问题的人有几个选择：要么给予顺从性的答复“是”，要么反驳说“也不是这个意思”，抑或心中不满拒绝沟通。无论是哪一种情况，都会让沟通搁浅或结束，相互之间的理解也不会再有进展。

在第二组对话中，B重述了A所说的内容及其感受，同时也提出了一个没有任何成形答案的开放式问题——“为什么你会觉得待人温和需要把情绪戒掉呢？”这样的话，就把问题重新抛给了A，让他去思考自己的这一想法从何而来，并且有机会说出更多相关的事情。如此一来，B也能够从A的回答中了解到更多确切的信息。

通过对这两组对话的分析，你是否有所领悟？在与人沟通时，提问是一个至关重要的环节，提不出好的问题，就很难得到想要的答案。

为什么要学会提问？

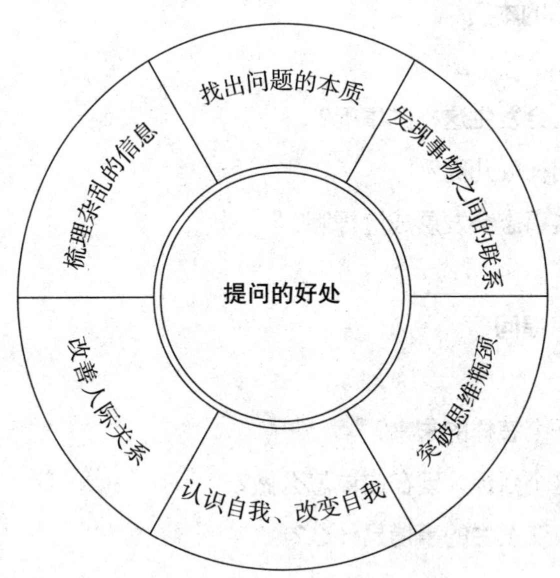

什么是“好的提问”？

概括来说，提出接近本质的问题就是好的提问；具体而言，提问题要考虑四个维度：

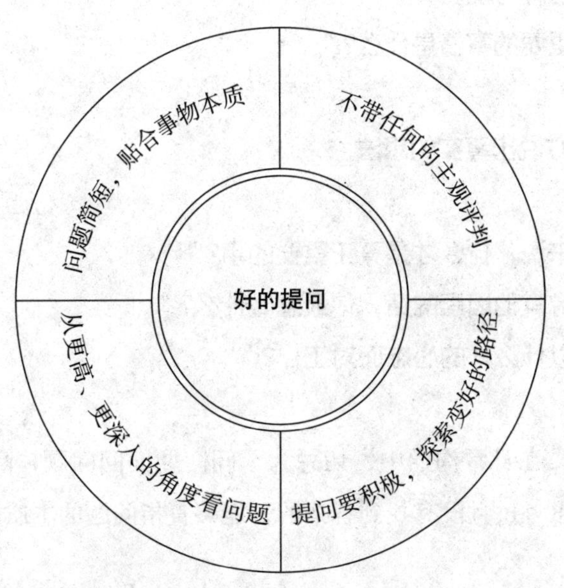

想要准确地搜集信息，就要让提问围绕上述四个维度来进行：

○ **询问事物的本质**

—“为什么会发生这样的事呢?

—“问题出在哪儿呢? ”

—“为什么事态会发展成这样呢? ”

○ **面向未来提问**

—“想要一个怎样的未来? ”

—“为了这个目标，现在应该怎么做? ”

—“阻碍改变发生的事情是什么? ”

○ **跳出条条框框的束缚**

—“真的是这样吗? ”

—“也有这种可能吗? ”

—“真正重要的事情是什么? ”

○ **引导对方说出真实的想法**

—“对你来说，什么才是真正重要的事? ”

—“不考虑其他因素的话，你最想做什么? ”

—“一直以什么样的心态面对工作? ”

总而言之，在日常沟通中，切忌为了问问题而问问题，高质量的问题一定是自己事前思考过且没有找到答案的，能够直指问题的本质。

【麦肯锡解题】

好的提问应该能引导你通往最终目标，将思想进行内化，已内化的提问，会成为强力的引擎，驱动人朝着一个方向前进。如果你一直内化的是与你渴望得到的东西毫不相干甚至是对其有所损害的提问，那么你就永远也得不到自己想要的东西。

位置换，分歧消

麦肯锡的咨询顾问艾伦·格尔达，曾任某知名品牌消费品厂商的CEO。在担任CEO的几年职业生涯中，他不止一次地面对要跟下属、同事、合作伙伴通过沟通达成共识的局面，每一次遇到这样的情况，艾伦总能处理得很好，让对方采纳自己的意见。

在销售业务方面，艾伦一直受到几家大客户的挤压，他们不断地压缩利润空间，还威胁艾伦说要削减订单，转而与其他国家的厂商合作。面对频繁的威胁，艾伦感到很愤怒，终于在一次被威胁之后，艾伦决定结束这样的局面。那么，艾伦是怎么做的呢?

他分别找到这几家大客户的采购代表，向他们传达了同一个观点："目前，我们面临的局面是，无法与国外的供货商竞争，他们有强大的成本优势，在这一点上，我们是无论如何也比不过的。但是，我们有本土的优势，当你们在商店中摆上'美国制造'的商品时，意味着你们也间接为美国人民提供了就业岗位，不正是一种形象的宣传吗? 我作为供应商，当然不愿意在竞争中落入下风，所以请相信我，能够想到的办法我已经全部想到了，能够为你们做的我也已经尽全力去做了。作为这家企业的CEO，我必须为我的企业、我的员工负责，但与此同时，我也不会推卸对于你们的责任。如果你们认为我辜负了这种责任，请你们提醒我们还可以怎么做。如果你们觉得我们做得还不错，那就请跟我们保持一个友善的合作关系，谢谢！"

艾伦的这番话说的全是事实，且态度不卑不亢。他没有试图去扭转客户的观念，而是让他们进行换位思考。结果就是，几个采购代表听完艾伦的话之后，都觉得艾伦已经做得很好了，其中的一位采购代表还耸了耸肩，略带惭愧地表示："也许你是对的，艾伦，我以前要求得太多了，以后我们还可以更好地合作。"

沟通的目的是就某一问题达成共识，但这个过程不总是顺利的，否则就不需要安排商务谈判了。艾伦提醒我们，当我们与沟通对象之间存在意见分歧时，最好的办法不是去反驳对方的观点，或是强迫对方接受自己的意见，而是要学会利用换位思考的技巧，更好地理解对方，同时也获得对方的理解。

换位思考的意义

心理学家艾宾浩斯认为：换位思考是人与人之间的一种心理相互体验的过程，且这种设身处地、将心比心的心理转换是人与人之间达成理解所不可或缺的心理条件。

人是受直觉控制的，在思考的过程中，立足点总是以自我为中心，这种思考模式很容易让思考陷入主观臆断中，有意无意地忽略许多客观的东西，进而导致思考产生偏差。换位思考，能够让人从自我这个主体当中脱离出去，进入客观世界，从而发现事物的全貌。

某公司的咨询顾问赵睿，在跟客户沟通推广方案的事情，由于客户时不时地提出新想法，赵睿感到很无奈。忍了两次之后，赵睿终于开口表态。

赵睿："您这样做很容易导致工作延时。"

客户："啊？我自己的方案自己不能改？"

赵睿："我们很专业，经验丰富，请您放心。"

客户："我是甲方，是我出钱，不得我做主吗？"

……

就这样，双方陷入了拉锯战。

作为旁观者，你认为问题出在哪里呢？是赵睿太强势，还是客户太苛刻？

其实，这场争执的关键在于，沟通双方都缺少换位思维，没有站在同一个目标上共同解决问题。赵睿尝试解决的问题是：如何说服客户同意放权？客户尝试解决的问题是：如何说服咨询顾问同意自己修改方案？双方站在了对立面，解决的问题不一样，自然无法达成共识。

那么，问题该如何解决呢？

当赵睿和客户陷入拉锯战时，项目经理及时介入，诚恳地和客户说了这样一番话："既然您选择了我们，一定是认可我们的专业性。合作向来是求共赢，您的目标是以最好的形式推广品牌，我们也是希望如此。"客户点点头，怒气未消地说："是啊，我也是为了做好方案。"

"请您理解。"项目经理接着解释，"提意见是正常的，我建议您将大致的想法都理清楚，统一提出来。如果想到一条就提一条，容易混淆思路，导致方案不完美，这也不是您想看到的，是吧？"客户的态度缓和了下来，项目经理继续说："所以，请您相信我们！当然，我们事先会询问您这边的建议，也希望您能够积极配合。""好啊，这样解决就好多了。"客户松了一口气，脸上的表情也舒展开了。

项目经理之所以能说服客户，是因为他没有强调"我是对的"，而是站在客户的角度思考，原本双方可能出现的对立关系变成了"共同解决问题"的关系。即便双方有分歧，在这种沟通关系下也会本着共赢的目的，共同解决一个问题，即"如何有效地降低合作风险"。这样一来，客户自然愿意配合。

换位思考的注意事项

不是每个人在沟通受阻时都能够快速地进行换位思考，这是一种需要培养和训练的能力。另外，在进行换位思考时，也要讲究分寸和章法。对此，麦肯锡提出了三点有效的建议：

○ **培养习惯**

许多人都有这样的感触：明明知道换位思考可以有效地处理意见分歧，却在关键时刻将其抛在脑后，事后才悔不当初。其实，这是因为没有养成换位思考的习惯。所以，平日里做任何事情都要考虑一下别人的感受或想法，久而久之习惯就会成自然。

○ **思考结果**

在换位思考之前，一定要清楚换位思考能够给自己带来什么样的结果。我们不能因为换位思考而放弃原本的利益，至多是将利益合理缩小或追求双赢。同时，还要思考清楚，站在对方的立场上做某件事情，是否会给自己造成伤害。如果存在这样的情况，那就立刻停止，这样的换位思考违背了初衷和预期的结果，没有存在的意义。

○ **掌握分寸**

凡事有度，换位思考也是一样。在分析问题时，不能太过主观，但也不能太过客观，如果忽略了自己的立场，那就本末倒置了。遇到需要换位思考的情况时，要从六个视角去思考：主观视角、客观视角、相关视角、发展视角、积极视角、结果导向视角。

【麦肯锡解题】

换位思考是一种让人从另一个角度看自己的方式，如果不能脱离出自己的视野，就容易被“第一人称视角”所困住，看不到死角，继而掉入“当局者迷”的陷阱。改变自以为是的立场，用他人的视角和思维去观察和分析问题，可以起到“旁观者清”的作用。

学会搞定挑剔的人

有一个事实不容我们否认：并非所有人都是通情达理的，也并非所有人都是好相处的。回顾生活或工作中的经历，我们或多或少都接触过这样的人：

他们总是摆出一副吹毛求疵的样子，对周围人的言行指指点点，无论别人怎么做，做到什么程度，在他们眼里总能挑出来“不足”。和这样的人相处共事，令人倍感压抑和受挫。

通常来说，过分挑剔的人，要么是完美主义，对自己和他人要求甚高；要么是嫉妒心强，喜欢争强好胜，习惯把周围人都放置在竞争者的位置上，处处刁难和指责。在工作中，与挑剔者一起共事是难以避免的，无论是普通人还是麦肯锡精英，都必须接受这个事实。

麦肯锡顾问艾森·拉塞尔在工作中遇到过这样一个人：

“他叫卡洛斯，毕业于牛津大学，还读了哈佛的MBA，是一个超级滑头的操作员。更不巧的是，他还是客户团队的领导，是我们和客户公司大多数高管联系的主要渠道，可谓一个典型的‘讨债者’。卡洛斯所在的客户公司有几位高层不太喜欢麦肯锡的建议，于是就和卡洛斯沆瀣一气，联合起来反对公司的决议。在之后的工作中，卡洛斯也用尽各种办法阻止我们完成工作，对我们的工作挑三拣四、处处指责，哪怕有些事情已经做得很完美了，他还是不满意。不仅如此，他还在背后向公司的高层说我们的坏话，经常在工作过程中搞破坏。我们都意识到了，他不是我们的朋友。”

如何应对像卡洛斯这样的“讨债者”呢？要是能把他从客户团队中移除，无疑是最理想的结果，但这并不现实。拉塞尔指出，卡洛斯位高权重，且拥有客户公司高层的支持，所以面对他是不可避免的事情，且还要努力达到他的要求。听起来真的是很麻烦，可是再难也要去面对，这是麦肯锡人的行事作风，也是他们必备的技能。

应对“讨债者”的方法

作为专业的咨询顾问，麦肯锡人是如何应对“讨债者”并获得其认同的呢？

○ 避免直接争论

遇到爱挑剔的“讨债者”，不与其争执是明智的做法。如果你和他们争论，他们会变本加厉，会让事情变得更糟。千万不要觉得对方的言行都是针对你，为了那些莫须有的问题生闷气，耗损宝贵的时间和精力。面对指责与挑衅，有时沉默比争辩更有力量，真正值得你去做的是，积极地改进工作方法，提升工作能力，做得比原来更出色，让“讨债者”不切实际的评价沦为无稽之谈。

○ 给对方表现的机会

海伦·麦格拉斯和哈泽尔·爱德华兹在《隐形人格》一书中讲道：“消极型人格的人，他们总是悲观地觉得自己低人一等，因此缺乏自尊心。他们认为其他人没有看到或承认自己的价值，认为自己没有得到应有的认可，所以他们通过过度批评、挑刺儿、贬低别人或毒舌、毁人声誉甚至牺牲自我的行为来博取关注，用这种自我痛苦和他人痛苦的方式，向所有人博取同情和尊重。”

许多“讨债者”都有消极型人格的特质，他们挑剔别人往往是想要吸引别人的关注，满足想要被肯定的欲望。你可以在适当的时机下，给他们展示闪光点的机会，让他们感受到自己的重要性。当他们感到被认可，挑剔的行为也会减退。

○ 用行动对抗吹毛求疵

在处理工作问题时，当“讨债者”向你提出了批评时，你可以先承认事实，并且给出今后处理此类问题的解决策略，提出比对方更加周全的计划，比如：“你说得有道理，周五之前我会做出两版方案，选择最适合的一版……”

面对挑剔者，不要与之敌对，毕竟解决问题才是最终的目的。适当的时候，进行换位思考，你会更容易明白他们的心理需求，恰到好处地与其沟通。况且，每个人身上都有闪光点，当你给予对方真诚的赞美与认可时，他也会对你改观。赢得他们的信任与认可，恰恰是你成功的体现。

【麦肯锡解题】

客户团队中的“讨债者”，不只有挑剔者一种类型，还有许多的麻烦人和麻烦事。面对这些人和事，想要高效地解决问题，得到他们的认可，就要对这些“讨债者”了解清楚，多学习和积累与不同人格特质者相处的技巧，以建立良好的人际关系。

不同客户用不同的谈判技巧

不同的人有不同的个性、喜好和经历，因而对于同样的问题、同样的话，也会有不同的反应。所以，麦肯锡的顾问在跟客户交谈时会先观察对方的习惯，适应客户的个性，用对方喜欢的方式进行交流。

适应客户的个性，避开对方的“痛点”

黎贝卡·法兰姬是麦肯锡欧洲事务部门的咨询顾问，平日的工作主要是帮助客户建立谈判策略，协助客户对谈判代表进行培训。法兰姬强调一个理念：无论什么样的谈判都不要以自我为中心，要根据对方的个性来选择谈判策略。

法兰姬曾经帮助一家德国企业制定与中国某企业的谈判方案。在方案中，法兰姬指出了中国人与德国人的差异：德国人十分严谨，甚至有些刻板，在对问题的把握上灵活性不够；中国人十分灵活，不喜欢冰冷的谈判方式。如果所有的谈判都按照德国人的想法来展开，中方代表肯定会不适应。所以，法兰姬为客户挑选了一位有中国留学经历的德国人，并将谈判中的条件全部上浮了一定的范围，以便在谈判的过程中为“合理”的让步留出余地。

不得不说，法兰姬的这套策略考虑得很周全，同时兼顾了德国人与中国人在个性上的差异，因此谈判展开得非常顺利。

法兰姬是一位出色的咨询顾问，同时她也是一位优秀的谈判专家。凡是法兰姬接到的咨询意向，她通常都能够拿到最终的顾问订单，因为她总能根据客户的个性灵动地调整谈判方式。

这种做法最大的益处在于，可以避免在交谈时触碰对方的“痛点”，即让对方难以接受的言行。比如，你在跟客户交流时，话里话外展现的都是你的自信，而客户是一个比较谦卑的人，你的做法就触碰到了对方的“痛点”；再如，你向一个长期生活在纽约的人抱怨“纽约人太冷漠”，这就不太恰当，在对方的认知里，这种“冷漠”是人们相互尊重的表现。

从客户的性格与心理入手，判断对方的“痛点”

世界上不存在没有“痛点”的人，只是每个人的“痛点”不尽相同。“痛点”往往与一个人的性格、心理、经历有关，但个人的经历和好恶属于隐私范畴，我们难以直观地了解和判断，只能从对方的性格和心理入手，去判断对方的喜好与行事风格。

拜恩曾在麦肯锡学院参加过一些课程培训，在那以后，他来到内华达州的一家企业担任市场专员。由于销售业绩出色，他只用了两年时间就一路从销售专员被提升为市场部经理。拜恩的销售业绩之所以出类拔萃，就是因为他总能根据不同的客户总结出不同的谈判技巧：

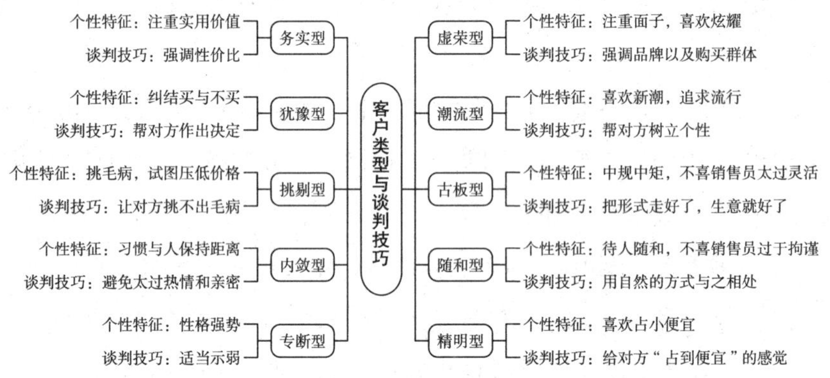

没有针对所有客户都同样奏效的谈判策略，最好的谈判策略就是适应客户的个性灵活调整的策略。除了要留意客户的个性以外，还要透过客户的“肢体语言”揣测对方的即时心理，根据当时的情境来选择适当的谈判策略。

【麦肯锡解题】

世界上没有完全相同的两个人，不同的人有不同的性格、心理、经历、知识结构与个人好恶。与客户进行谈判的时候，要养成观察对方的习惯，以适应客户的个性为前提，灵活地选择或调整谈判策略。

或许，解放了自己，
才能解放事物和它们之间的联系

第八章

麦肯锡持续成功的秘诀：坚持学习

不成长就出局

一位学习跆拳道多年的学徒，历尽艰辛，终于达到了黑带级别。在来之不易的黑带考核仪式上，教练问他："在授予你黑带之前，你必须接受一个考验。你知道黑带的真正含义是什么吗？"学徒想了想，回答说："是实力的体现，是跆拳道者的荣誉和责任。"

教练摇摇头，说："虽然你的技能达到了黑带水平，但你的心理状态还没有到能拿黑带的时候，继续练吧！"学徒百思不得其解，只得继续练习。

三个月后，教练又问他："你想到黑带的真正含义了吗？"学徒说："代表着不受黑暗与恐惧的影响。"没想到，教练还是摇摇头，叹了口气就走了。

半年之后，教练再次提起先前的问题。此时，学徒已经过了自己能拿到黑带的兴奋期，心情非常平和，加之前两次教练的否定，也让他沉静了许多。他对教练说："黑带代表着开始，代表着无休止的磨炼、奋斗和追求更高标准的起点。"

这一回，教练终于笑了，拍着他的肩膀说："看来，你现在是真的理解黑带的意义了。"

无论是学习跆拳道，还是精进工作技能，都是没有上限的。所有的名誉、头衔、职位，并不能代表我们的一生。今天你是黑带，可若放弃了训练，明天你可能就变成了红带，再过几年你可能倒退回黄带；今天你是主管，可若不再成长进步，不能持续创造价值，明天你可能就会被属下超越，再过几年你可能已成团队的末尾。

要么晋升（UP），要么走人（OUT）

在麦肯锡公司，顾问这个职位涵盖的职务范围是很广泛的，大体可分为六类：商业分析员、咨询顾问、项目经理、副主管、主管、董事，其中主管和董事相当于公司的合伙人。按照麦肯锡的规定，职员每3~4年就要晋升一级，倘若无法实现这一目标，就不得不离开公司；即便是晋升成了合伙人，也不意味着从此可以高枕无忧。

“要么晋升，要么走人”这一制度的设立，是为了避免员工入职后认为自己进了“保险箱”，开始论资排辈、倚老卖老。麦肯锡想要时刻让员工谨记：如果你不能持续成长进步，你就无法继续在公司待下去。

员工有没有成长进步，能否获得晋升，麦肯锡有一套明确的评估体系，且每半年会按照项目进行一次评估，给出4~5个明确表述的等级，如“非常好，成长速度极快”“成长速度合格”“成长速度一般，下次还是这样就要被淘汰”“直接淘汰”等，公司根据评估结果来确定员工是否能够晋升。如果确定不能晋升，员工就要离开另谋出路。当然，不是所有离开麦肯锡的员工都是被淘汰的，他们的离职理由各不相同，有些人是找到了自己真正感兴趣的事，有些人是不认同晋升的评估标准。

主动争取工作，而不是等着被分配工作

麦肯锡的精英都是主动型工作者，不会等着被分配工作。公司内部有竞聘机制，每周会统一发一次面向新员工的项目招聘邮件，没有参加项目的人员可以和自己感兴趣的项目组负责人联系，为自己争取入选的机会。如果没有被项目组选中，可以以“后备队员”的身份对该项目进行支援，不会出现无事可做的状况。如果是足够优秀的高效能人才，也会有项目主动抛来“橄榄枝”。

李开复说过：“不要再只是被动地等待别人告诉你应该做什么，而是应该主动地去了解自己要做什么，并且规划它们，然后全力以赴地去完成。想想在今天世界上最成功的那些人，有几个是唯唯诺诺、等人吩咐的人？对待工作，你需要以一个母亲对孩子般那样的责任心和爱心全力投入、不断努力。果真如此，便没有什么目标是不能达到的。”

每一个职场人都有必要学习麦肯锡精英主动工作的态度，不要觉得每天

按时上下班、不迟到、不早退就是尽职尽责了，更不要觉得把领导交代的事做完了就是尽心尽力了。企业需要的不是只懂得循规蹈矩、缺乏热情和责任感的人，而是能够出色地把工作完成，并在时间和精力允许的条件下，主动寻找工作任务的人才。无论现在的你是一个行政助理，还是一个高级程序员，或是一位管理者，你都要经常思考“有没有能够把事情做得更好的方法”，充分发挥主观能动性，才能逐步提升自己的能力，获得成长与进步。

【麦肯锡解题】

在麦肯锡工作，不需要与其他人去直接比较，你要挑战的竞争对手是过去的自己。也许看到同事表现得积极活跃时，自己也会产生好胜心，从而发奋努力。但如果将格局提升一些，就会发现其实工作中是没有具体的晋升名额限制的，大家并不需要为名额而争得你死我活。提升自己，永远都有晋升的机会。

“舒适区”也是“危险区”

“我们每个人的内心都有自己想要的‘奶酪’，我们追寻它，想要得到它，因为我们相信，它会带给我们幸福和快乐。而一旦我们得到了自己梦寐以求的奶酪，又常常会对它产生依赖心理，甚至成为它的附庸；这时如果我们忽然失去了它，或者它被人拿走了，我们将会因此而受到极大的伤害。”

这段话摘自《谁动了我的奶酪》一书，看似在说“奶酪”，实则在谈心理舒适区。

从心理学方面来讲，这里所说的“舒适区”是指活动与行为符合人们的常规模式，能最大限度减少压力和风险的行为空间。从人的自身感受来说，处于“舒适区”能够让我们处于心理安全的状态，能够降低内心焦虑，释放工作压力，且更容易获得寻常的幸福感。与此同时，在这个舒适区里，我们不会有强烈的改变欲望，更不会主动付出太多的努力，一切行为都只是为了保持舒适的感觉。久而久之，意志就会退化枯萎，变得懒散懈怠。

麦肯锡公司盛行一句话："不允许有舒适区的存在"，听起来似乎有些残酷，但这也是麦肯锡的风格，它鼓励员工快速成长，自然不希望也不允许员工一直生活在对个人而言舒适的环境里。所以，不少咨询顾问在刚入职期间就被告诫："如果感觉自己过得很舒适，那就应该反思了，这种状态是很危险的。"

停留在舒适区＝低水平的重复，很难获得进步

在这个需要终身学习的时代，不进步的人最后必遭淘汰，但这里有一个问题：你是在哪个区域中学习？人的知识和技能，可分为层层嵌套的三个圆形区域：

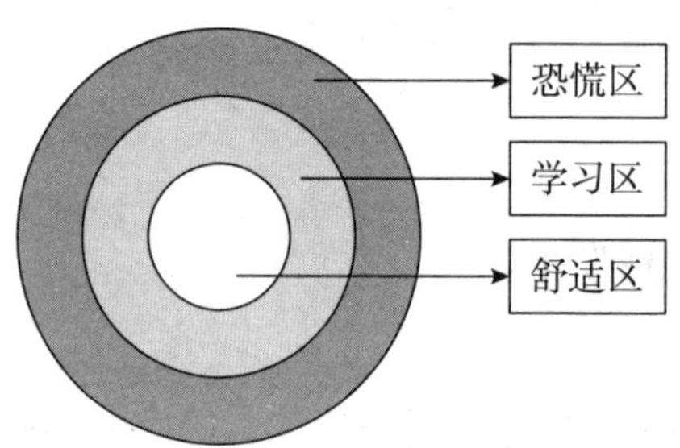

最里面的一层叫做"舒适区"，是我们已经熟练掌握的各种技能。在这个区域里做事，就是我们每天过着的正常生活，几乎没什么太大的变动，所谓的"努力"不过是低水平的重复，很难获得进步。

最外面的一层叫做"恐慌区"，是我们暂时无法学会的技能，比如：我们不是学医的，对于治病救人这样的事，自然是无法驾驭。如果不是专业人士，这辈子怕是都无法触及。

中间的一层叫做"学习区"，要想成长和进步，就要持续地在"学习区"做事。那些在专业领域做出大成就的人，大都是进行了有针对性的练习，而不是低水平的重复。

认知心理学告诉我们：大脑只能以自己已经理解的东西来解读新的东西。一开始，你给大脑植入的东西层次越高，你再用它去理解其他东西，就越容易看出门道，豁然开朗。如果只是用大脑中现存的“低水平的内容”去解码新的东西，就会陷入“知识没少学，却无任何长进”的循环中。努力不是简单机械化地重复，始终停留在舒适区内，用看似没有停歇的行为，去安慰自己说“我在努力，我很努力”；努力一定是日新月异、不断超越的，更多的时候是在不舒服的状态下去磨砺和提升自己，每天进步一点点，最终拥有脱胎换骨的蜕变。

推动自己走出舒适区的方法

○ 勇敢地走向恐惧，而不是远离它

对你感到担心的事物，不要总找借口去逃避，大胆地去尝试。当你直面恐惧的时候，你就是在不断地扩大自己的舒适区，也就调动了更多的潜在能量。

○ 做一些不同于日常习惯的事情

尝试着每天做一件不同的事情，保证它是偏离你平常的舒适区的举动。比如，换一条线路去上班；跟平时不太喜欢的人交流；选择新的餐馆就餐；去新的水域游泳。如此，你的适应能力会变得更强，更容易应对突如其来的变化。

○ 换一种态度对待不舒服的感觉

超越自我离不开改变，而改变的本质就是走出舒适区，走出舒适区最好的途径就是接纳不舒服的感觉。当你感觉到不舒服时，别总想着抗拒，告诉自己这是一件好事，这意味着你在成长，你在挖掘潜能。

贪图享受，习惯懈怠，会让我们面临被淘汰的结局。当然，走出舒适区，也不是一件容易的事，需要一个长久的过程，切不可追求速成。只有一点点地开拓视野，慢慢地增加心理的适应性，我们才能够迈出心理舒适区，遇见更好的自己。

【麦肯锡解题】

舒适的条件容易腐蚀人的心灵，消磨人的意志，从而令人放弃拼搏努力的斗志。因此，在鼓励员工快速成长进步的麦肯锡公司中，是不希望也不允许出现这种状态的。

会休息的人效率高

瑞塔正处于年假中，可他却觉得越休息越累，想看书学习一会儿，可刚坐下来就感觉浑身都软绵绵的，还不停地犯困。然而，前一天晚上，他并没有熬夜，完全睡足了8小时。想做点简单的工作，不用费太多的脑力，却始终无法集中精力，就是觉得累。他想借助小憩来缓解一下，没想到，睡了一觉之后，疲惫还是如影随形。

很多人都碰到过跟瑞塔一样的情形：越休息越觉得累，越休息压力越大，总是不自觉地焦虑和担忧，这是为什么呢？实际上，原因就在于，用错了休息方法。

“间作套种”休息法

为了更高效地工作，麦肯锡精英都会留一些休息时间给自己，同时也会学习并掌握一些有效的休息方法。农业上有一个术语叫间作套种，这是一种常用的科学种田的方法。人们经过长期的生产实践得出经验：间作套种可以合理配置作物群体，让作物高矮成层，相间成行，有效地改善作物的通风透光条件，交错利用土壤肥力，实现养地增产的目的。

人的脑力和体力也是一样，如果长期持续从事同一项工作，就会产生疲劳，让大脑活动能力降低，精力涣散，产生拖延。此时，如果能够适当地改变工作内容，就会产生新的兴奋点，而原来的兴奋点会受到抑制，让脑力和体力得到调剂与放松。

英文版《圣经・新约》的翻译者詹姆斯・莫法特，每天的工作量是巨大的。据他的一位朋友讲，他的书房里有三张桌子，一张摆放着他正在翻译的《圣经》译稿；一张摆放的是他的一篇论文的原稿；还有一张桌子摆放着他正在写的一篇侦探小说。然而，莫法特却从未觉得精力不够，或是疲惫憔悴，因为他就是靠从一张书桌挪到另一张书桌来休息的。

多数时候，疲劳都是厌倦的结果。此时，我们应该停下工作去休息，但休息并不意味着只躺在床上睡觉什么都不做。把工作的性质变化一下，疲劳一样可以得到缓解。比如，写作累了的时候，找本喜欢的书看看，或是到户外运动一下，都是不错的选择。

哲学家卢梭曾说，他只要工作时间稍长一点，就会觉得身心俱疲，且只要超过半小时专注地处理一个问题就会感到累。为解决这个问题，他让自己不断地处理不同的问题，累了就换一个问题继续思考，大脑始终保持着轻松愉快的状态，而他的研究的工作也没有间断。

五种“工作—休息”模式

为了防止工作中出现的疲劳感降低工作效率，影响我们做事的情绪，我们要经常地变换工作方式、工作地点，或是几种工作互相交叉进行，让大脑一直处在新鲜信息的刺激下。这就是莫法特休息法的核心。事实上，它包含以下五种类型的“工作—休息”模式：

○ 抽象与形象交替

研究理论问题可以跟学习形象的、具体的问题交替进行，比如，在研究哲学、美学、历史、心理等问题感觉疲惫时，可以去看看小说、散文或图片，这样的话，大脑左半球会得到休息，同时大脑右半球得到充分利用。之后，再去研究理论问题，就能够恢复充沛的精力。

○ 转换问题的切入点

对于同一研究对象，如果切入点不同，大脑的兴奋点就会不一样，这时也能够达到休息和提高效率的目的。比如，阅读一部理论专著，在从前往后的研读中觉得很枯燥，身心有疲惫感，那么，不妨从自己感兴趣的地方开始读，逐渐扩展，就能让自己兴趣盎然，精力集中。

○ **体力与脑力交替**

这种方式很常见，也比较容易理解，就是进行一段时间的脑力劳动，感到疲惫时，放下手头的工作，出去运动一下，如散步、慢跑一会儿后就会感到精神焕发。

○ **动与静交替**

长时间用一个姿势学习、写作或阅读很容易感到疲劳，适当地改变一下姿势，或是变换一个地点，都可以兴奋神经，消除疲倦。比如，坐着录入一小时文字后，感到有些累，不妨站起来工作。

○ **工作与休闲交替**

工作是必需的，娱乐也不可少，和谐的生活需要有张有弛，如此方能长久。高强度突击式的工作只适合一时，时间久了，必然会引发危害。在紧张工作的间隙，可以看看电影、听听音乐，体验一下休闲的乐趣。这不是浪费时间，而是愉悦身心的选择，可以有效地提高创造力，甚至获得某些灵感的启示。

【麦肯锡解题】

休息并非一种偷懒行为，要掌握时间管理的技巧，在百忙之中适当安排好休息。只有休息好，才能以充沛的精力和良好的体质应对每一天，爆发出更大的潜力。

努力保持“PMA”

在麦肯锡公司，无论是会议还是普通的谈话，“PMA”都是经常被提及的一个词语。有时，上司和前辈也会用这个词语来教育新人，甚至同事之间也会用这个词来相互鼓劲。

什么是“PMA”？

所谓“PMA”，是下面这三个英文单词的缩写：

P——Positive，积极乐观。

M——Mental or Mind，精神上或思想上的。

A——（Attitude）态度。

连起来就是积极心态，就是说无论遇到什么问题，都要用积极的心态去面对。

美国心理学家詹姆斯曾经做过一项调查，结果显示：一个人受到激励后所发挥出的能力，是没有受到激励时所发挥出的能力的4倍；当一个人没有受到激励时，充其量只能发挥20%~30%的能力，而当他受到激励后，可以发挥出80%~90%的能力。

人的一切都是受激励而产生的。你可能也有过这样的经历：在得到他人的赞美和肯定时，往往能够感受到一股信心和力量。其实，这就是外部激励的效果。只是生活不可能总是处于顺境中，一旦被他人否定、批评或是身陷逆境，无法从外部摄入积极的力量时，你能否将自己拉回积极的轨道上来呢？

英国畅销书作家劳伦斯·彼得曾经这样评价一些知名歌手："为什么许多名噪一时的歌手，最终以悲剧结束一生？究其原因，是因为在舞台上他们永远都需要观众的掌声来肯定自己；但是由于他们从来不曾听到过来自自己的掌声，所以一旦下台进入自己的卧室时，便会倍感凄凉，觉得听众把自己抛弃了。"

这无疑印证了一点：相比外部激励而言，内部的自我激励更为重要。如果总是怀疑自己无法成功，对自己的现状不满，担心自己会失败，遇到挫折打击就退缩，即便有外部条件的支持，也很难鼓起勇气迎接挑战。

那么，怎样做到让自己时刻保持PMA呢？

避免使用消极的语言

麦肯锡精英遇到任何问题时，都尽量避免使用消极的语言。

你很少会听到麦肯锡人把"困难""缺点""短板"挂在嘴边，他们会用"挑战""应该克服的难题""应该成长进步的地方"等带有积极色彩的词语去描述。之所以这样做，是因为麦肯锡公司在解决问题时倡导的是“面向未来”的工作理念，鼓励员工以“一定可以实现”为前提，积极挑战需要解决的问题。

从心理学角度来说，消极的语言容易带给人消极的暗示。当一个人被消极的心态支配时，他对事物的解释永远都是消极的，并总能给自己找到沮丧、抱怨的借口，最终得到消极的结果。紧接着，这种消极的结果又会逆向强化他的消极情绪，使他成为更加消极的人。沉浸在这种自我怀疑、自我设限的状态中，会丧失信心和希望，思想和潜能都会被压制。

学会与压力共处

麦肯锡精英经常被多重压力包裹着，比如：要在规定时间内创造绝对的效益、要接受“要么晋升，要么走人”的评估、要适应挑剔型客户的刁难与指责、要接受没有一项可以轻而易举完成的任务……如果不具备强大的精神韧性，就无法胜任咨询顾问一职。面对这些压力，麦肯锡人的态度很简单：“有什么烦心事，睡一觉忘了就是了”“就算惹领导或客户发脾气了，也不要太放在心上”“要保持钝感力，就算发生天大的事也要学会不受影响”。

很多人对于压力的认知都存在误区，一提到压力就自动联系到消极和焦虑上，越是惧怕，越想消除，结果却适得其反，在原有的压力之上，又产生了新的压力。正确应对压力的方式，不是去消灭它，而是从认知上调整对“压力”这个现象本身的焦虑，学会与压力共处。

作家刘墉在谈到人生时，说过这样一番话：“面对人生的起起落落，人生的恩恩怨怨，却能冷冷静静一一化解，有一天终于顿悟，这就是人生。”面对压力这件事，我们要坦然地接纳，它就是生命和生活的一部分；对于压力带来的紧张情绪，我们要学会调适，为自己树立切实可行的目标，切断那些把情绪带入深渊的欲望，在豁达与变通中，与压力共舞。

从积极的立场出发思考问题

曾在麦肯锡任职的石井辉美说：“我骨子里并不能算一个积极的人，甚至可以说是一个消极的人。在孩提时代，有一段时间，我成为班长等一小圈子人的眼中钉，经常遭到他们的诋毁。自那以后，我就变得非常消极，坚持认为：无论对待什么事情，都要先想好最差的局面，这样在无法实现愿望的时候，心情也不至于太低落。"

这种思考问题的方式，在石井辉美进入麦肯锡公司以后逐渐发生了变化："经过在麦肯锡的历练，我终于想通了，觉得应该从积极的方向去思考问题，遇事先设想出未来的理想蓝图，之后再想设法地研究如何去实现。"

无论是商业领域还是日常生活，都要面对"充满不确定性的未来"，我们无法像设计精密仪器那样，精准地复现设计时的各种设置。在充满变数的现实中，若总是带着失望、内疚、消极的负面情绪，凡事任由其行，不做任何积极的努力，事情必然会朝着最坏的方向发展；若怀揣热情、乐观、积极和坚定，这股积极向上的力量就会调动你的潜能，让你用超乎寻常的毅力和智慧去解决所有的问题。

【麦肯锡解题】

面对蜂拥而至的各种压力，成熟的方法就是睡一觉就忘了它。如果不能做到这一点，无论你有几条命都是消耗不起的，还不如就此放弃做顾问。

强化优势，建立优势人生

石井辉美在麦肯锡公司任职期间，被周围人追求高水准的精神感染，开始广泛地汲取各种知识，向优秀的伙伴学习，试图提高自身的能力。然而，对于具体应当在哪一方面提高自己的价值，石井辉美当时并不是很清楚。真正感受到自己的优势与能力所在，是在其离开麦肯锡跳槽到致力于人事组织系统的咨询公司沃森·怀亚特之后。

"与客户交谈的时候，或是为沃森·怀亚特公司时任法人代表高桥俊介先生负责的客户整理资料的时候，被问到问题哪一点最重要时，我可以不假思索地回答出疑问的核心。这种经历使我准确地捕捉到了自己的个人价值。”此时已成为一名独立咨询专家的石井辉美，终于意识到了自身的优势所在：在受托协助各类组织解决问题的时候，可以快速地锁定疑问的核心，然后明确每一个参与讨论的人的职责，发挥出每个人的优势，组建一个可以解决问题的团队。

同时，石井辉美结合自身的经验提醒更多的职场人：“准确地把握自己的个性与特质以及擅长的事情，努力发挥自己固有的优点与长处，不要试图改变自己、成为别人，不断提高原本的自己，才能赢到最后，获得最大的回报。”

强化优势＞弥补短板

在提升自我的道路上，许多人都会陷入一个怪圈：试图弥补自己的短板，希冀塑造一个完美的自己。结果，越是努力越是受挫，距离完美越来越远。跟短板“死磕”的做法是得不偿失的，也容易让人筋疲力尽。天才永远是少数的，每个人或多或少都会存在一些短板和弱点，非要跟这些不足较劲，就是在为难自己。

成功在于最大限度地发挥优势，而不是克服弱点。损控可以防止失败，但永远不可能将我们提升至卓越。对于那些不足之处，只要加以控制，让它不至于影响优势发挥就可以。

陈茜研究生毕业后，进入一家机关单位做科员。在外人眼里，这份稳定规律的工作着实不错，可性格外向的她却对按部就班的工作模式很是厌倦。单位里的领导知道她外向健谈，经常让她陪同出席一些座谈会。在一次会上，陈茜认识了一家从事健康产业的公司的总裁，这位总裁对她活泼的性格、机敏的谈吐很是欣赏。

没过多久，陈茜就接到了一份邀请，那位从事健康产业的公司总裁请她过去担任营销部的策划。陈茜没有任何犹豫，就接受了这份新工作。当时，家里人都反对她的决定，说她太冲动了，缺乏长远的考虑。可是，陈茜认为

那份工作更适合自己，决意要试一试。果然，到了这家公司后，陈茜的能力得到了充分的展示，策划的活动开发了一大批的客户。

每个人都有自己的长处和优点，只有从事与自己特长相符的工作时，才能实现资源的最佳配置。如果不知道自己的特长在哪里，或者说不考虑自身的实际情况，反其道而行，往往就会陷入“高智商低绩效”的怪圈。所以，属于个人的最佳位置不是赚钱多、职位高的岗位，而是最适合自己、最能发挥自己优势、最能调动内在热情的工作。

如何建立自己的优势人生？

你的个人价值有多大，取决于自身的选择与定位。这个定位如果是以社会地位、威望、体面、金钱等元素为标准，就会蒙蔽心智，被动地应付工作，阻碍特长的发挥；只有根据自身实际、以最能充分发挥自身特长为标准，才能调动起自身的全部才能。换而言之，在付诸努力之前，一定要先认识自己，找到自己的优势，而后建立自己的优势人生。这里有几条建议，可供参考：

○ 识别自身的主导才干，有针对性地去获得相应的技能，并将其转化为优势

很多人总是不断地学习各方面的技能，但却没有给自己带来多少实际效益，问题就出在学习缺乏针对性，没有发现自己的主导才干。

举个例子，你对绘画很感兴趣，且具备这方面的才干，那你可以学习与绘画相关的技能，如平面设计、绘本插画等，这样就很容易打造出自己的核心竞争力。

○ 留意自己学习新事物时的反应，发掘自己的才干

我们有时无法认清自己是否真的具备某方面的才干，这就需要在平日里多观察。特别在接触和学习新事物时，一定要关注三点：渴望、学得快、满足。

有时我们对某一件事很感兴趣，对某一个职业很青睐，很可能是因为好奇。遇到此类情况，要深入去了解事物的具体情况。全面了解一个新事物后，如果发现自己并不如一开始那么喜欢了，也是很正常的，不必勉强。如果全面了解后，依然很渴望，那就值得一试，说明你对这个东西是真的有兴趣。带着这种兴趣，你可以学得更快，也更容易获得满足感。

○ 持续观察自己的行为和情感，聆听内心真实的声音

找到自己喜欢的领域，是一件很幸运的事。然而，在找到之后能够坚持多久，又是一个问题。你要观察自己：在做这件事的时候，有多少成效？进步如何？做起来有多难？做的时候是否愉快？是否有成就感？如果没有外在的回报，你还愿意做下去吗？如果你的回答都是积极的、肯定的，那么这条路就是适合你的，是能让你发挥出才干和潜能的。

选择不只是一种决策，更是一种能力。这种能力是对自己有清晰的认知，知道自己能做什么、不能做什么，擅长做什么、不擅长做什么，喜欢做什么、不喜欢做什么。这种能力，是对直觉的判断，知道自己在哪方面最容易脱颖而出，在哪个领域最容易成为专才。

【麦肯锡解题】

人都有擅长和不擅长的东西，跟短板死磕是一种消耗，把擅长的事做到锦上添花，更容易成为赢家。

构建自己的知识体系

麦肯锡精英是一群具备超强学习力的人，他们深知，持续学习才能不断强化专业技能，提升创造价值的能力。从某种程度上来说，一个人的学习力等同于他的工作效率，员工的学习力就是企业的最佳生产力。

确定学习范围

每个人的实际情况不同，所选择的学习内容也不一样。通常来说，在职人员的学习范围主要包括以下几个方面：

○ **实际工作所需要的知识与技能**

在知识快速更迭的时代，各行各业的人员都需要不断地学习，否则就可能无法适应市场的变化，难以胜任工作。所以，选择了从事某一行业后，就要针对这一行业所需的知识和技能进行深入学习，以免“技到用时方恨少”。

○ **有助于有效晋升的知识与技能**

有些时候，某项知识与技能可能暂时用不上，但如果它有助于职业晋升，也应当尽早地纳入学习计划中。

○ **自己感兴趣的内容**

网络的普及为我们获取知识提供了很大的便利，不少网站都开设了专业的培训课，如果工作之余有闲暇，也可以根据自己的兴趣爱好选择一些课程来学习，不仅可以充实自己的生活，还有机会发展一份副业。

○ **合理利用公司的资源**

如果你所在的公司刚好有一些合理的资源可供使用，那就不要浪费绝佳的机会，说不定这能够为你日后的职业规划增加筹码。

掌握学习方法

美亚从去年开始，要求自己每周读一本书，粗略算下来，一年至少读完了40本书。这个计划她已经坚持了一年多，可收获却没有想象中那么大，甚至根本感受不到自己跟之前有什么不同。美亚不禁开始迷茫：读书到底有没有意义？

读书有没有意义，不取决于这件事本身，而取决于读书的人。想要更好地解决问题、提升自身能力，知识的储备是根基，但是如何将看到的、学到的知识化为己用，则要掌握方法。要把一个知识变成自己的东西，提高记忆水平，光靠做笔记、背下来是行不通的，必须对记忆的内容彻底理解，即把这个知识里最简单的东西和最复杂的东西联系起来！记忆，应当是90%的理解，加上10%的背诵。花费在理解上的时间，一定要大于背诵的时间，这样的学习才是有效的。没有建立在理解之上的死记硬背，只会导致两种结果——

○ 记得慢，忘得快；

○ 记得快，忘得也更快。

我们通过读书进行学习的时候，尽量不要着急在书上划重点，也不要在读书的过程中做笔记，要集中精力地去看、去读、去思考。看过之后，拿出一张纸，尝试着把自己记住的、领悟到内容写下来。不要求非得一字不落地写出来，可以只写重点和感悟。等把自己能够记住的内容全部写下来之后，再翻回去重新阅读。这一次的阅读，针对的是记忆不清以及没有完全领悟的东西，做到有针对性地复习。重复一两遍之后，基本上就能把一本书的主旨领悟了。

任何记忆都是以理解为基础的，没有理解的记忆是不存在的。看了多少书、学了多少知识不重要，重要的是我们理解了多少。真正的学习过程，是一个“汲取知识—消化吸收—结合实际—知识输出”的过程。如果每读一本书、一篇文章都能够完成这样一个过程，我们所看到的、学到的那些东西才能够真正变成自己的东西，而不会被轻易忘记。

构建知识体系

阅读只是漫长的学习之路的开端，但只是一味地积累知识，而不懂得把所学的东西融会贯通，形成自己的一套知识体系，也难有大的突破。你可能也有过这样的体会：碰到一件棘手的事，千头万绪不知从何入手。当别人把问题解决了，并告诉你解决问题用到的知识之后，你一拍脑袋恍然大悟——“原来是这么回事！我以前也看过这方面的东西，可就是没想到……”为什么会没想到呢？原因就在于，信息塞满了脑袋，但没能形成自己的知识体系，结果就成了“空有屠龙术，关键时刻找不到屠龙刀”。

所谓知识体系，就是把大量不同的知识点，系统、有序、指向性明确地组合成某种类型的知识架构。通过这个知识架构，我们可以更好地理解某些问题，解决某些问题。

知识体系就像蜘蛛网，把不同的知识点有规则地联结起来，从而塑造出我们发现问题、理解问题的思维模式。有了知识体系，就算忘记了其中的一些知识点，也不会丧失独立思考能力，依然能够帮助自己有序地工作和生活。如果没有这个知识体系，那些碎片化的知识就只能在具体的应用环境下发挥效用，一旦脱离了那个环境，就变得毫无用途了。

那么，该如何建立自己的知识体系呢？

○ Step1：明确学习目的

知识体系由大量的知识点组成，因而对知识的输入一定要足够广泛，但知识输入不是随意看几本书那么简单，要有针对性和目的性：我们必须要知道自己学习的东西有什么用。如果没有明确的学习目的，甚至不知道将来有何用，能够解决哪个领域的问题，就难以产生内在的动力，也不容易理解和记住。

○ Step2：搭建知识架构

掌握学习方法很重要，找对输入知识的渠道更重要。在对某个领域不了解时，可能靠自己搭建体系的效果并不理想，更有效的方法是，通过高质量的信息渠道，找到已有的体系进行适应性改造后加以利用。

○ Step3：填充知识架构

有了知识架构，就相当于有了一个框架。接下来，就要在框架中填充知识了。对你掌握的知识进行整理，分门别类，定期回顾。如果是很重要的知识点，可以把它单独作为知识架构的一部分，成为知识体系的组成部分。

○ Step4：知识与问题联结

有的人知识学了不少，遇到问题的时候却没思路，想不起去使用这些知识。有的人学了一个知识点，就能举一反三用到不少地方。两者的差别在于：前者的知识与问题之间是脱节的，而后者却能够把知识和问题联结起来，也就是说，他们看到知识时会思考能解决的问题，遇到问题时会到知识体系里找解决办法。

○ Step5：向他人分享知识

学到知识以后，不妨在合适的场合，多向他人分享一下自己所学的知识。

知识的输出比知识的输入更难。分享知识需要组织语言，组织语言的过程就是整理思路的过程。如果你不能顺利地组织语言，就需要思考一下：自己的知识是不是不够系统、不够全面？经过这一关，你就能对自己掌握的知识程度有一个大体的了解。

分享知识的过程中，遭到他人的质疑或者他人从其他角度提出问题，是不可避免的。被“问住”是一件好事，它能让我们借助旁观者的力量改进自己的知识体系。与此同时，在交流和切磋中，可以进入对比思考的状态，这对于知识体系的构建也是有利的。

总而言之，当知识体系的大楼建造起来后，你会惊喜地发现自己站在顶端，看得比从前更远了，想得比从前更全面了，这恰恰是我们通往更高层次的必经之路。

【麦肯锡解题】

只有保持海绵一般不断学习的意识和能力，才能够跟上不断变化的时代，与整体的社会信息更新速度保持一致。从学校毕业之后就再也不注重学习的人，其知识只会越来越落伍，技能越来越滞后，相应地完成一项工作所需要的时间也会越来越长，质量也会越来越差。

张弛有度，保持身心平衡

当生活呈现出这样的画面时，你是否感到过深深的厌倦——

○ 冬日的清晨，天蒙蒙亮就起床，简单吃了一些早饭就急忙出门，可通勤的路上依旧是人满为患。没有跟谁多说一句话，也无暇去看周围的一切，闭着眼睛晃晃荡荡地坐车到公司，还没有正式开始工作，却好像已经忙碌了一整天。

○ 每天的工作任务都列了清单，信心满满地想让时间不虚度，成为高效能的工作者。然而，时针才指到12点，自己就像是泄了气的皮球，连吃午饭排队都变得没有耐心，一不留神就让焦躁和愤怒的情绪占据了上风。

○ 整个人变得越来越神经质，一点点风吹草动就感觉好像大难降临。当有人让我做一点事情时，无论事情大小、是难是易，我都觉得难以承受。这种崩溃不仅仅出现在白天，还会在深夜以失眠的方式来造访，睡不好没精神，没精神更颓靡，最后酿成了恶性循环，这个巨大的黑色阴影，让我无法靠自身的意志摆脱。

……

如果你正陷入这样的状态中，那么要提高警惕了，这些现象表明你已经身心俱疲，陷入了精神疲倦的不良状态，负面情绪和心理压力积压过多，让你不堪重负，难以继续精神抖擞地工作。如果不及时调整，工作效率会越来越低，失去身心平衡，从而也就失去了进步的可能。

当心“身心耗竭综合征”

对于职场人出现的上述现象，日本麦肯锡专家高杉尚孝称之为“身心耗竭综合征”，并指出其产生的原因：当事者认为“目标是必须面对的对象”，并且认为“一旦不能实现目标，自己将面对无法忍受的悲惨命运”，这种想法犹如黑洞一样吸走人的能量，让工作效率变得越来越低，对很多事情渐渐提不起兴趣。

麦肯锡公司提倡高效率解决问题的工作理念，对咨询顾问各方面的要求也比较高，但这一切都要建立在身心平衡的基础上。为了避免咨询顾问出现“身心耗竭综合征”，麦肯锡的解决思路很简单：把“必须……”的念头转化为“最好能……”的想法。在面对压力时，用“希望式思维”来缓释负面情绪，避免钻牛角尖，以保持平常心与积极性。

“身心耗竭综合征”的诱因

对多数职场人来说，“身心耗竭综合征”就是指无法顺利应对工作重压时的一种消极抵抗情绪，或者是因为长期连续处于工作压力下而表现的一种情感、态度和行为的衰竭状态。严重的倦怠情绪，会让人丧失前进的动力，经常对生活和工作感到厌烦，备受拖延的困扰。

诱发“身心耗竭综合征”的原因很复杂，其中最主要的因素有以下几方面：

○ 精神压力过大，长期处于高度紧张状态

有一些从事销售工作的朋友，每个月都要完成一定量的任务，如果不能完成，就拿不到提成。为了拿到报酬，很多人就得加班加点地干活，时间长了，很容易出现不良反应。

【解决办法】处理这样的情况，最好的缓解方式就是，转变对工作的认识，不能把工作当成生活的全部。尽量把工作和生活区分开来，工作时保持专注、不拖延时间，打消加班熬夜的念头。每周拿出一天时间，彻底放松休息，找到工作与生活的平衡点。

○ 工作环境不良，影响心理和生理

环境对人的生理和心理都有严重影响，长期在高温度、高湿度、高噪声、高光或阴暗的环境里办公，会让人的身体受到损害，出现头疼、脖颈痛、关节疼、视疲劳等问题。身体不舒适，心理必然受到影响，做事效率也会下降。想想看：身体遭受病痛煎熬，心里怎会不焦急难耐？静不下心来，又如何保证工作有序进行？如此恶性循环下去，势必会愈发厌恶工作。

【解决办法】针对这一问题，需要结合工作的具体情况来解决。就办公室一族来说，久坐不动，腰椎、颈椎和视力是最容易出现问题的，所以要多注意这方面的保护，适当地运动，合理地用眼。对于服务行业而言，可能需要长时间站立，这时就要为自己选择舒适的鞋子，多注意对腿部的保护。身体是革命的本钱，有健康才能有充沛的精力。

○ 缺少展示才能的平台与机会

有些人在公司里缺少展示自我的平台，也体验不到工作带来的成就感，渐渐地就对工作丧失了热情。抑或是，本身很有能力，公司也有合适的职位，但得不到领导的赏识，上司不懂得因材施用，也会让他们对工作感到厌倦。

【解决办法】如果你碰到的问题属于这一类，那你首先要思考一下：你在工作中扮演的是什么角色？你是否尽力去做了你该做的事？公司规模的大小与晋升空间不是成绝对的正比。不管在哪里，唯有先做出成绩，别人才能发现你的闪光点。如果你实在不喜欢这份工作，那么不妨找到自己的兴趣所在，做自己喜欢的事，也能够消除对工作的倦怠感。

○ 人际关系的压力，让人疲惫不堪

工作，一半是处理具体事务，还有一半是处理人际关系。如果每天在公司里不能跟其他成员愉快相处，甚至还得面对勾心斗角的问题，势必会让人感到疲惫。人际关系上的压力很消耗人的能量，压力存在太久，就会让人对工作感到厌烦。

【解决办法】遇到这样的事，该怎么办呢？理性分析：让你揪心的处境，到底是客观的问题，还是主观的感受？同事是否真的在某些方面为难你了？还是你从内心看不惯他人的做法？有时换一种角度去看问题，换一种态度去做事，情况就会不一样。你排斥别人，别人也会排斥你；你对别人礼貌，别人也会对你微笑。与其指望别人去做出改变，不如优先调整好自己。

【麦肯锡解题】

艰苦奋斗的精神无疑是重要的，但也要注意保持身心协调。高效工作是一张一弛的循环，过度操劳只会让人身心疲惫。随着焦虑与烦躁情绪的不断积压，我们内心深处会越来越讨厌工作。想要充分发挥实力，一展平生所学，劳逸结合是非常必要的。

如果学习只是一种记忆的重播，
我们如何认知新的事物？

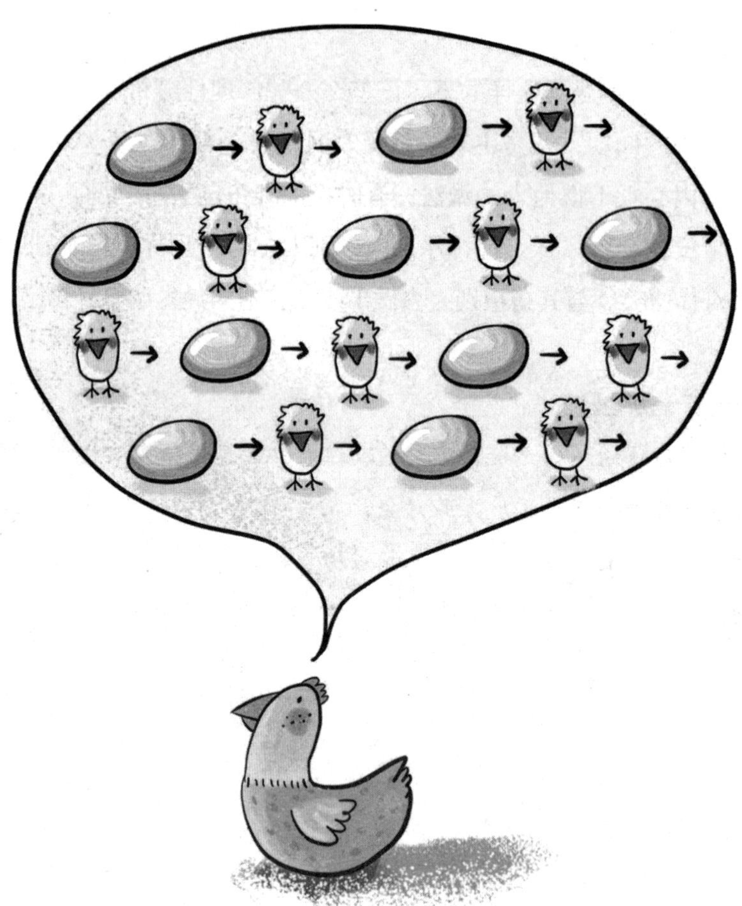